L'ABBÉ

PIERRE DE BESSE

PRÉDICATEUR DU ROI LOUIS XIII

ÉTUDE LITTÉRAIRE
Par Émile FAGE

NOTICE BIOGRAPHIQUE ET TESTAMENT
Par le Docteur LONGY

NOTICES BIBLIOGRAPHIQUES
Par Aug. BOSVIEUX et René FAGE

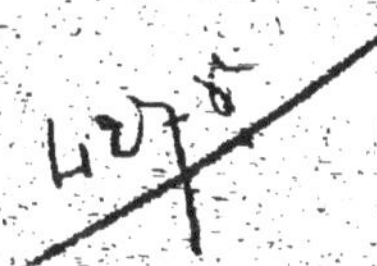

TULLE

IMPRIMERIE CRAUFFON

36, rue du Trech, 36

1885

Pierre de Besse

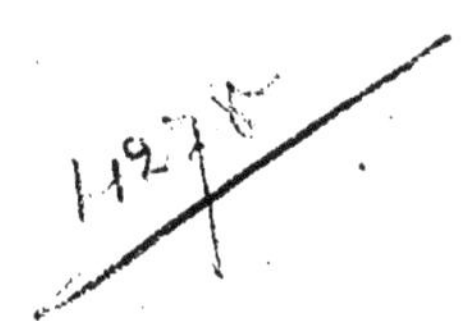

L'ABBÉ

PIERRE DE BESSE

PRÉDICATEUR DU ROI LOUIS XIII

ÉTUDE LITTÉRAIRE
Par Émile FAGE

NOTICE BIOGRAPHIQUE ET TESTAMENT
Par le Docteur LONGY

NOTICES BIBLIOGRAPHIQUES
Par Aug. BOSVIEUX et René FAGE

TULLE

IMPRIMERIE CRAUFFON

36, rue du Trech, 36

1885

ARMOIRIES DE PIERRE DE BESSE
ET DE LA FAMILLE BESSE DE MEYMOND

PIERRE DE BESSE

ÉTUDE LITTÉRAIRE

I

Au moment où Pierre de Besse parut, l'éloquence de la chaire sortait à peine des violences de
langage, des bizarreries et des extravagances que
les sermonnaires du xve siècle avaient mises en
vogue. Le règne criard des Menot, des Maillard et
des Pepin avait pris fin, mais leurs successeurs
se débattaient encore péniblement dans le confus
et grossier héritage qu'ils en avaient reçu.

Si on n'embrigadait plus des bandes d'enfants,
comme le carme Thomas Conect, pour les lancer
sur les dames, à l'issue d'un sermon sur le luxe
mondain ; si on avait cessé de chanter en pleine
chaire, comme Maillard, des complaintes sur des
airs connus ; si les indécentes familiarités de Menot
étaient moins goûtées, les excentricités de mauvais
goût, la licence de langage et le genre burlesque
étaient loin d'avoir dit leur dernier mot.

L'invective triviale et crue a fait place à la satire
et au conte pour rire. Au discours sans frein suc-
cède le discours sans fin. Le tréteau est toujours
dans le temple ; seulement Tabarin a changé de
costume : sur ses loques de la foire, il a mis la fraise

et le pourpoint de velours. Comme la science est en honneur, il se fait pédant en *us* et pédant *éminentissime*.

Le caractère distinctif des prédicateurs de la seconde moitié du xvie siècle consiste dans un débordement de citations, de comparaisons, de *belles similitudes*, comme on disait alors ; dans l'abus des métaphores, paraboles et allégories ; dans un étalage de bric à brac et un salmigondis d'histoire naturelle, de mythologie, d'histoire sacrée et profane. Il s'accuse de plus par la liberté grande avec laquelle les orateurs, continuant l'œuvre de Rabelais, s'attaquent aux abus et aux vices, aux nobles les plus qualifiés, aux religieux de tous ordres et de tous rangs, daubant sur le seigneur, le moine et le prêtre, avec une verve plaisante et mordante qui met le public de leur côté et fait que parfois, grâce à leurs saillies populacières, on rit à l'église comme à la comédie.

Quelques traits empruntés aux sermonnaires en vogue, contemporains de Besse ou ses devanciers, donneront une idée assez exacte du milieu oratoire où le prédicateur limousin va surgir.

Un bénédictin de talent, docteur en théologie, Maurice Poncet, qui avait remporté plus d'un succès dans le genre amusant et satirique, dépassa un jour si bien toutes bornes, qu'au rapport du journal de Henri III, le duc d'Epernon lui en fit des remontrances : — « Un prédicateur comme vous, lui dit-il, doit prêcher pour édifier et non pour faire rire. — Monsieur, répondit Poncet, sans s'étonner autrement, je veux bien que vous sachiez que je ne prêche que la parole de Dieu, et qu'il ne vient point de gens à mon sermon pour rire, s'ils ne sont méchants ou athéistes ; et aussi n'en ai-je jamais tant fait rire en ma vie, comme vous en avez fait pleurer. » C'était ce qui s'appelle payer d'audace.

Cette liberté de parole, dont usait un simple

moine à l'égard d'un seigneur de la qualité de d'Epernon, allait quelquefois jusqu'au dénigrement et au mépris de la royauté elle-même. « — Est-ce chose sainte que la royauté? Qui l'a faite? Le diable, le peuple et Dieu; Dieu, parce que rien ne se fait sans son bon vouloir; le diable, parce qu'il a soufflé l'ambition et l'orgueil au cœur de certains hommes; le peuple, parce qu'il s'est prêté à la servitude, qu'il a donné son sang, sa force, sa substance, pour se forger un joug. » — L'originalité se manifestait, chez d'autres orateurs, par des bizarreries comiques, dans le genre de celle qu'on impute à ce prédicateur qui s'était fait une loi de tousser régulièrement à certains passages de son discours et faisait des marques à son manuscrit, écrivant aux endroits où il devait s'arrêter : *Hem! hem!*

Le père Garasse a laissé une réputation de burlesque qui a atteint les dernières limites du genre. C'est lui qui a dit avoir lu dans Photius que la Sapience pondit un œuf dans le paradis terrestre, d'où nos premiers pères sortirent comme une paire de poulets.

Tallemand rapporte que le petit père André, sermonnaire en réputation, prêchant un jour à la fête de sainte Madeleine, se mit à décrire les galants de la Madeleine et les habilla à la dernière mode. « — Ils étaient faits, dit-il, comme ces deux grands veaux que voilà devant ma chaire. » — Tout le monde se leva pour voir les deux godelureaux, mais ceux-ci se gardèrent bien de bouger. Puis, après avoir tracé le plus sombre tableau des débauches de la pauvre pécheresse, il s'écria : «—J'en vois là bas une toute semblable à la Madeleine, mais parce qu'elle ne s'amende point, je la veux noter et lui jeter mon mouchoir à la tête; » et, en même temps, il fit le geste de lancer son mouchoir : « — Ah! dit-il, je croyais qu'il n'y en eût qu'une

et en voilà plus de cent. » — Il comparait les femmes
à un pommier qui était sur le chemin : « — Les
passants ont envie de ces pommes; les uns en
cueillent, les autres en abattent; il y en a aussi
qui montent dessus et vous les secouent comme
tous les diables. » — Une autre fois qu'il prêchait
dans un couvent de Carmes, sur l'église desquels
le tonnerre était tombé sans en blesser un seul :
« — Ah! s'écria-t-il, regardez quelle bénédiction
de Dieu! Si le tonnerre fût tombé sur la cuisine,
il n'en serait pas réchappé un seul: »

Comme il n'aimait pas le curé de Saint-Séverin,
prêchant un jour dans son église et ayant amené
dans son sermon la comparaison de la bergerie et
des chiens qui la gardent : « — Vous autres, dit-il
aux paroissiens, vous avez un bon chien de curé. »

On raconte que M. de Belley prêchant le carême devant Madame, et parlant des femmes
qui se faisaient porter leur robe, dit : « — Je conseil-
lerais aux pages et aux laquais, qui leur lèvent
la queue, de leur lever aussi la chemise et de leur
donner le fouet. »

Menot, surnommé *Langue d'or,* dans un sermon pour les dames, gourmandait ainsi ses pares-
seuses ouailles : — « Voici bientôt neuf heures;
Mesdames, vous êtes encore au lit; on aurait plus
tôt fait la litière d'une écurie, où auraient couché
quarante et quatre chevaux, que d'attendre que
toutes vos épingles soient mises. »

Un autre, qui prêche sur le mode sérieux, dé-
montre doctoralement la charité par les sources
du Nil et l'abstinence par les douze signes du
zodiaque. Celui-ci, passé maître dans le genre
familier, parlant de l'épée de Damoclès suspendue
à un fil, et perdant tout à coup lui-même à ce moment le fil de son discours, s'écrie : « — Le fil
est bon; il durera bien jusqu'à demain. Demain,
nous dirons le reste. » — Celui-là, qui travaille dans

le pathétique, fait élever au-dessus de sa tête, de temps en temps, aux passages lugubres de son discours, par le sacristain qui se tient caché derrière la chaire, une tête de mort qui renferme une lumière.

L'auteur cité plus haut fait mention d'un cordelier, qui comparait Notre-Seigneur à une bécasse, à cause que tout en est bon. L'anecdote qu'il place à Saint-Pierre-les-Bœufs, qui était alors une des paroisses de Paris, caractérise non moins vivement le genre de familiarité grossière encore en usage dans la chaire au xvie siècle. Le marguillier et le curé, ne pouvant s'entendre pour le choix d'un prédicateur de carême, en choisirent deux. Le jour de Pâques, le premier qui était l'archidiacre de Bayeux, dit qu'il laisserait à celui qui prêcherait après lui d'expliquer si c'était sur un âne ou sur une ânesse que Notre-Seigneur était monté ; que l'orateur était un très célèbre cordelier qui leur expliquerait aisément les plus grands mystères qu'il y eût dans l'Evangile du jour. Le cordelier, piqué au vif, monte en chaire et dit : « — Puisque M. l'Archidiacre a laissé à expliquer si c'est un âne ou une ânesse, je vous prie, Messieurs, de lui dire que c'est un âne. »

Ces orateurs sacrés faisaient certainement rire quelquefois à leurs dépens, mais le plus souvent aux dépens des autres. Leur fatras, pourtant, n'était pas sans charrier des perles précieuses. Si le poli de la langue et la politesse, l'art et la règle leur manquaient totalement, ils avaient à profusion de la chaleur, du trait, de la force, une étonnante hardiesse d'idées et d'images. Les beaux-esprits à naître profiteront, tout en le raillant, de leur esprit.

Quelques-uns se signalaient par une érudition copieuse et extravagante ; ils se croyaient obligés dè parler latin tout le temps. La Bruyère avance qu'ils prêchaient quelquefois en grec devant des femmes et des marguilliers. D'ordinaire, le latin et le français alternaient dans leurs discours et formaient un jargon aussi prétentieux qu'ennuyeux. Le public s'en accommodait, admirait de confiance; la pantomime de l'acteur, secondée par de plaisantes anecdotes, le tenait en haleine et en éveil. Les hommes les plus instruits donnaient dans ce travers et ce genre d'éloquence. Le barreau suivait le mouvement, l'exagérait à sa manière. Bayle raconte que les plus nobles personnages du Parlement, les avocats généraux, les premiers présidents n'étaient pas moins ridicules dans leurs harangues; il cite le trait de ce premier président qui, au milieu de sa mercuriale, apostropha les procureurs en leur disant qu'ils apprendraient leurs devoirs dans le scoliaste d'Homère sur les dix ou douze vers qu'il leur récita incontinent.

Voilà les jeux du grand XVI⁰ siècle, de cet artisan sans pareil de gauloiseries, de concetti, d'épigrammes, d'équipées fantasques et d'épopées burlesques; avec cela, très sérieux au fond et coutumier d'échappées sublimes. Il va au sermon pour entendre des bêtises : « Notre-Seigneur est Hercule en mourant, Apollon en ressuscitant, Bellérophon en montant au ciel. » — Ce qui ne l'empêche pas d'applaudir *le parler courageux* d'Achille de Harlay : « — Mon âme est à Dieu, mon cœur est à mon roi, mon corps est entre les mains des méchants. » Il prête une oreille à Montaigne et l'autre au petit père André. Les gentils vers de Marot l'enchantent et les bigarrures du sieur des Accords l'amusent. Il est compilateur et poète, raffiné et naïf, élégant et grossier. Ces contrastes le réjouissent. Il se complaît dans ces récréations et ces ridicules, dans les exhibitions pédantesques, dans les constructions de discours à demi-barbares, hérissées de scolastique, compliquées de divisions, de subdivisions et d'énumérations à l'infini, dans des fugues d'esprit étourdissantes et des courses folles vers l'idéal. Il est avide de vrai savoir et de faux brillant, de facéties et d'éloquence, de rhétorique à la Balzac et de maximes à la Plutarque, de turlupinades et de coups d'éclat. Il s'engage, s'égare et se retrouve au milieu de tous ces labyrinthes, et reprend fièrement sa route, le front ceint des fleurs de la Renaissance, le visage tout barbouillé de la poudre des bibliothèques, des vieux livres, des manuscrits sacrés, semblable au dieu ivre de la vendange, couronné de pampre et barbouillé de lie.

Les écrivains, les controversistes, les traducteurs et commentateurs sont d'une fécondité prodigieuse, n'en finissent plus. Le nombre des volumes s'accroît dans des proportions stupéfiantes. On dirait d'une forêt vierge enchantée qui sort spontanément de terre, un entrelacement inextricable des productions les plus diverses. Les théologiens entassent syllogismes sur syllogismes, preuves sur preuves, citations sur citations. Les prédicateurs font des discours qui prennent l'ampleur d'un livre. Toute la flore latine et grecque, tirée des saintes écritures, des auteurs anciens, des pères de l'Eglise, des conciles, des religions et des mythologies, est mise à contribution, se déroule à perte de vue dans les homélies et les harangues, en un enchevêtrement qui embrouille l'esprit autant qu'il l'étonne. C'est un déluge d'idées, de bouffonneries, de paraboles, de comparaisons, d'allégories de toutes sortes, *d'essais* dans tous les genres. Le flot coule intarissable, ne s'arrête plus, sous Henri IV comme sous Louis XIII. Les temps de repos sont à peine sensibles, ne comp-

tent pas. Les prêcheurs de la ligue sont proches ;
ils donneront bientôt la main à Maillard et re-
noueront la tradition des prédications barbares.
Avec eux, l'esprit de révolution va monter en
chaire ; la politique fermera la bouche à l'Evangile.

C'est dans ce milieu que Pierre de Besse est
venu au monde ; c'est dans ce cadre qu'apparaît sa
noble et intelligente figure, dont le graveur Gauthier nous a transmis les traits.

Il s'y montre et y fait sa place, sans recourir aux
procédés usités alors, en prêchant comme un apôtre, non comme un fanatique. Il est novateur dans
le sens chrétien. Il congédie de ses sermons les
personnalités, substitue la raison à la violence,
remet en honneur l'Evangile, s'occupe uniquement
d'annoncer la bonne nouvelle. Il s'affranchit des
entraves du latin, écrit en français et parle en chaire
sa langue maternelle. Ce fut pour le temps un immense progrès. Il y avait quelque hardiesse à
rompre ainsi avec les usages établis. Le succès
couronna ses desseins. De Besse passa au premier
rang des prédicateurs de la fin du xvi⁰ siècle et des
premières années qui suivirent. Ses prédications
eurent un retentissement prodigieux. Les églises,
où il parlait, ne désemplissaient pas. Ses sermons
furent également goûtés des grands et du peuple ;
les éditions qu'il en donnait étaient enlevées avec
une rapidité surprenante ; ils étaient traduits dans
les langues étrangères. On a peine aujourd'hui à
comprendre un pareil engouement. Les sermons de
Besse supportent difficilement la lecture. Leur
succès fut du reste éphémère. L'éloquence de Bossuet, qui bientôt retentit, les jeta dans un discrédit
complet. Rarement popularité plus grande fut
suivie d'une chute plus profonde. L'éclipse dure encore et n'est pas près de finir. De Besse partagea
le sort des précurseurs de Bossuet et de Mascaron,

fut mis dans l'ombre et disparut, quand les astres
de la véritable éloquence se levèrent. Ses ouvrages
ne se trouvent plus qu'aux mains des érudits. Son
nom est inconnu. Ce Limousin honnête et inventif,
instruit et poli, expert dans l'art de la parole, qui fut,
à un moment, l'honneur de la chaire à l'aube du
xviie siècle, a laissé à peine la trace de son passage et de sa renommée dans son propre pays. Il
mérite pourtant d'être distingué. Toute une époque
ne saurait se tromper sur le jugement qu'elle porte
d'un talent et d'un homme.

Son portrait par Gauthier est un témoignage
contemporain, précieux à consulter. Grâce à lui,
on peut se faire une idée de ce qu'était Besse dans
la chaire, de l'autorité de sa personne et de son
action oratoire. Il y est représenté à l'âge de cinquante ans. Son front méditatif, son œil doux et
perçant, sa lèvre expressive et bonne, le caractère
viril de sa physionomie, une belle prestance, un
grand air de majesté naturelle constituaient un
extérieur de sermonnaire d'une réelle puissance et
commandaient la sympathie.

Ajoutons, pour juger de l'effet produit par sa
parole, que les sermons parlés n'étaient pas tels
que nous les connaissons, mais appropriés à l'auditoire, faits à sa mesure, si je puis ainsi dire, dé-
barrassés des lourds ornements sous le faix desquels
ils sont venus jusqu'à nous ; par suite, d'une allure
plus aisée, d'une expression plus vive, d'une verve
plus contenue dans sa surabondance même. Il était
généralement d'usage de les refaire pour la lecture.
De Besse nous apprend qu'il avait coutume de re-
fondre et d'embellir grandement ses discours, avant
de les livrer au public, les remettant de toutes pièces
sur le métier et remplaçant de son mieux les habits
de tous les jours par ceux des jours de fête. Le sermon primitif, ainsi dégagé, dit avec art par un
rhéteur habile, un professeur éminent du collège

Saint-Michel et de la faculté de théologie, ne pouvait manquer d'agir fortement sur l'auditoire. Ainsi s'expliquent, sans nul doute, les succès de parole remportés par de Besse dans un genre, d'où il tint scrupuleusement bannis les vulgaires procédés des prédicateurs à saillies bouffonnes ou à scandale.

Un poète du temps, Jean Bandel, a résumé dans une pièce de vers qui date de la publication du Carême de Saint-Séverin, et curieuse par l'évocation de plusieurs grandes figures limousines, les sentiments d'admiration que les sermons de Besse inspiraient :

Rome, si l'Univers, en t'admirant t'adore
Pour l'honneur pastoral, et pour le fondement
Qui demeure affermi contre le grondement
Des puissances d'enfer, et de plus te décore
De ses plus beaux esprits, le Limosin t'honore
De quatre grands pasteurs, d'un Urbain, d'un Clément,
Grégoire de Beaufort, du sixième Innocent,
Et d'un docte Muret, que tu prises encore.
Paris, si l'on te doit telle reconnaissance
Pour la grandeur des rois, pour l'Etat de la France,
Le même Limosin te fait le même honneur,
Te donnant un Maumont, Dorat, Benoit, de Besse,
Quatre grands écrivains, dont l'un, comme docteur,
Te laissant ses sermons, te laisse sa richesse.

Un prêtre de la même époque, dans le naïf élan de son enthousiasme, s'écrie :

Si Limoges, Rioms, Paris, Beauvais, Constance,
Qui t'ont ouï prêcher souvent en orateur,
Donnaient leur jugement, diraient qu'en notre France,
De Besse, tu es seul parfait prédicateur.

Le quatrain n'est pas, tant s'en faut, d'un parfait poète, mais il a le mérite de nous renseigner avec précision sur quelques-unes des villes où le célèbre sermonnaire a prêché. J'aime mieux le suivant, tout à l'honneur aussi de Besse et du Limousin :

> S'il faut louer les biens du lieu de sa naissance
> Et vanter son pays, selon les communs bruits,
> De Besse, en te voyant, on dit pour ta science :
> Heureux le Limosin qui porte de tels fruits !

II

Les écrivains qui se sont occupés de Pierre de Besse s'accordent à le faire naître au village de Veyrière, commune de Rosiers-d'Egletons ou au lieu de Rosiers. C'est une erreur, accréditée par les biographes du xviie siècle, reproduite de confiance et maintenue dans la circulation par Michaud et ses successeurs. La vérité est que Besse *a vu le jour, en 1567, au village de Meymond,* en Limousin, non loin de la petite ville d'Herment, sur les confins de cette province et de l'Auvergne. Les documents recueillis sur ce point par M. le docteur Longy, dans son excellente notice sur *l'Asile d'aliénés de la Cellette,* les recherches ultérieures qu'il a faites sur les lieux, à Meymond, auprès des membres survivants de la famille du prédicateur, et dont les intéressants résultats sont consignés dans le travail qu'il a spécialement consacré à l'histoire biographique et généalogique du célèbre sermonnaire, ne laissent subsister aucun doute à ce sujet. La preuve s'en trouve écrite par Besse lui-même, au cours de son testament en date du 20 mars 1638, que M. Longy a eu la chance de retrouver ; il y est fait mention, à deux reprises différentes « de l'églize et paroisse de La Roche, en Limozin, en laquelle, dit-il, j'ay esté baptizé... et qui est la paroisse de ma naissance. » Or, le village de Meymond, qu'habitaient ses parents, dépendait de la paroisse de

La Roche. La lumière est donc faite définitivement sur ce détail biographique.

De Besse appartenait à une bonne et honorable famille, qui a fait souche d'échevins, de notaires, d'avocats. Sa considération était grande dans la contrée. Elle avait des alliances avec des maisons de marque; la plus notable de toutes est celle qui la rattache à la famille des Arnauld, de Port-Royal, originaire d'Herment. De Besse fut le *grand-oncle* du fameux Antoine Arnauld.

Il commença ses études au pays, probablement à Herment, qui était alors une ville d'une certaine importance. Son intelligence très ouverte, avide de s'étendre à toutes les connaissances, fit rapidement des progrès remarquables. Sa raison précoce, sa mémoire extraordinaire, son zèle pour l'étude, le distinguèrent de bonne heure entre les enfants de son âge. L'élévation de ses goûts, la pureté de ses mœurs, sa régularité de vie et de travail annonçaient une nature d'élite. Le moment vint bientôt, où la question de l'avenir du jeune étudiant dut se poser en famille. La fortune patrimoniale de cette maison était considérable, mais les charges ne l'étaient pas moins. De Besse avait une sœur et six frères. Que faire, dans cette situation, d'un enfant qui accusait des dispositions aussi heureuses, sinon de le vouer à l'état ecclésiastique? La famille y songea sérieusement. De Besse qui s'y sentait porté par une inclination naturelle, la seconda dans ses vues. Il avait ce qui convient à la carrière sacerdotale, le goût des lettres, de la théologie, de la controverse, le caractère droit, méditatif et réservé d'un jeune lévite. Sa vocation ne fut distraite par aucune aventure ou simple échappée de jeunesse. Il se trouva ainsi engagé, comme par un don de nature et une grâce d'en haut, sur le chemin de l'Eglise. Les protections ne pouvaient faire défaut à un débutant si digne d'intérêt ; nous le voyons, dès l'âge de seize ans, faire le voyage de Paris et venir prendre rang au collège Saint-Michel.

Ce collège renommé a tenu une grande place dans l'existence de Besse. Presque toute sa vie s'y trouve renfermée. Il en fut, comme élève, un des plus brillants ornements et, plus tard, comme principal, un des plus fermes soutiens. Le collège Saint-Michel était situé rue de Bièvre ; il avait été fondé en l'honneur du saint qui lui donna son nom, par Guillaume de Chanac, évêque de Paris et patriarche d'Alexandrie, limousin d'origine, et successivement doté par d'autres membres de cette illustre maison, Bernard de Chanac, cardinal, évêque de Mende, et Bertrand de Chanac, cardinal, patriarche de Jérusalem. Une des clauses de l'acte de fondation porte « que nul ne pourrait être boursier céans s'il n'était Limosin et pourvu de par le seigneur de Pompadour. »

Pierre de Besse était entré dans cet établissement en qualité d'élève boursier. Ses belles facultés intellectuelles, son ardeur d'application, l'urbanité de ses manières, sa facilité d'élocution le mirent bientôt hors de pair. Sa vocation pour l'Eglise s'y manifesta d'une façon aussi brillante que solide. Messire Philibert de Pompadour, qui habitait alors le collège fondé par ses ancêtres, le prit en vive affection et ne cessa de lui donner des marques de son estime, sauf en un moment de disgrâce ou plutôt de froideur passagère, qui contrista profondément le cœur de Besse. On peut voir, dans l'épître des *Conceptions théologiques sur l'Octave du Saint-Sacrement,* en quels termes pleins de gratitude il s'exprime sur cette puissante et libérale famille, et parle de son collège, « où il vit, il y a plus de vingt-cinq ans, collège pauvre à la vérité, et petit en moyens, mais grand et riche en honneur et réputation, ayant été l'école de tant de beaux esprits, le refuge des pauvres escoliers du Lymosin, le Parnasse des Muses de la province, la retraite de tant de grands et si savants personnages. »

Ses études achevées, de Besse, âgé alors de vingt ans environ, fut introduit comme précepteur dans la maison de M. de Héère, conseiller en la grande Chambre du Parlement de Paris. Il s'acquitta des devoirs de sa nouvelle position avec une parfaite convenance et ne tarda pas à posséder l'entière confiance de cette famille, qui lui en témoigna, dans toutes les occasions, une estime particulière. Besse se montre fort touché de l'honneur qui lui en est venu, des obligations qu'il lui doit; il loue avec effusion cette noble maison, où il a été nourri tant d'années, en célèbre les vertus et les talents; il appelle le chef de la famille son Mécène. S'adressant à l'un des fils de Héère, son ancien élève, pour lors aumônier du roi et doyen de Saint-Aignan d'Orléans : — « J'ai fait, dit-il, mes premiers essais et mon meilleur apprentissage à l'école de votre enfance, mais j'irai désormais, donnant des leçons à votre avantage et appelant tout le monde au trophée de vos mérites. » Il lui dédie son livre de *la Royale prêtrise.* « Voilà, s'écrie-t-il, ce qui s'en va droit à vous, qui part sous votre nom, et qui vous est dédié comme au plus bel esprit, à l'âme la plus noble et l'homme le plus judicieux que j'aie encore pu connaître. J'en parle comme savant et fondé en expérience, car ayant eu ce bonheur, que d'avoir conduit vos premiers ans et servi de précepteur à celui que j'honore maintenant comme maître, je reconnaissais déjà, aux bluettes de vos commencements, que vous ne seriez jamais sitôt grand, que votre esprit ferait feu, et les flammes en seraient grandes. » Les fils de Héère, qui étaient devenus, vers 1609, de hauts personnages dans la magistrature, l'Eglise et l'armée, lui continuèrent assidûment leurs bons offices.

Au sortir de cette maison, Pierre de Besse fut chargé de l'administration d'une importante paroisse dans le premier diocèse du royaume, à Paris. Il la gouverna sagement pendant de longues années. Son talent de prédicateur s'y fit jour avec éclat. Dès le commencement du xviie siècle, sa réputation était telle et son nom si répandu, qu'il se décida à publier, en 1604, les premiers sermons que nous connaissons de lui, et qui avaient été prêchés, deux années auparavant, en l'église Saint-Séverin. Le succès en fut immense; dix éditions furent enlevées en peu de temps.

Nous savons qu'il avait été pourvu, à la fin du xvie siècle, d'un canonicat au chapitre de Notre-Dame d'Herment, et que, plus tard, il fut revêtu de la dignité de chanoine, au chapitre de Saint-Germain de l'Auxerrois.

Son goût pour la prédication s'accrut avec l'âge et les succès. Il s'y adonna de toutes ses forces, et y apporta une ferveur, une sorte de passion religieuse, qu'il conserva jusqu'à la fin, sans que ses autres devoirs en souffrissent.

Élevé aux premiers postes de son ministère et aux plus belles dignités, tour à tour et tout ensemble principal du collège Saint-Michel, syndic de la Faculté de théologie, prédicateur ordinaire du prince de Condé, conseiller et prédicateur du roi Louis XIII, il s'acquitta de ces diverses charges avec grand honneur et les porta jusqu'au bout, non sans essuyer de graves maladies par excès de zèle et de travail. Il était encore investi de la plupart de ces emplois, lorsqu'il mourut le 11 novembre 1639, âgé de soixante-douze ans, en son collège Saint-Michel. Il fut enseveli, suivant le vœu qu'il en avait formé, en l'église de Saint-Germain de l'Auxerrois, au milieu de la nef « *et tout devant la chaire où il eut l'honneur de prêcher.* »

La famille de Besse, avons-nous dit, avait de la fortune et de la considération, mais il n'apparaît pas qu'elle fût d'origine noble. Les pièces que M. le docteur Longy a pu voir la rattachent à la bonne bourgeoisie du pays d'Herment. La particule, dont le prédicateur fit précéder son nom, ne dut être prise par lui que dans les années qui suivirent la fin de ses études, lorsque ses grades en Sorbonne et ses succès dans la chaire lui procurèrent ses entrées dans la société noble et les salons polis de la capitale ; toujours est-il que ses ouvrages, dans les éditions privilégiées sorties de ses propres mains, portent le nom de Pierre de Besse.

Pierre était le dernier de ses sept frères ; de là, sans doute, la devise qu'il adopta : *Septimus impar*.

Nous transcrivons ici une pièce en vers latins curieuse, composée sur ses armoiries et attribuée au sieur Simon de Cubes, lymosin :

DE INSIGNIBUS D. DE BESSE

Septimus impar.

Pneumatos æterni septem sunt munera, septem
    in cœlo miris viribus astra micant.
Rursus habet septem sacra signa Ecclesia, septem
    Aegypti in campis hostia Nilus habet.
Fluctuat Euripus septeno turgidus æstu :
    Et septem ætherei mira sub axe poli :
Septimus in lucem partu qui masculus exit,
    Strumosum fertur sistere posse malum.
Scilicet in numeris mirabilis insita virtus,
    Ex vis, Septenis propria rebus inest.
Fratribus ò septem jam surgis septimus impar :
    Excitat hoc frater Septimus impar opus.
Quid mirum ingenium si fratribus exeris impar?
    Hoc omnem solus septimus impar habet.

Ce morceau, d'une versification correcte, tout à fait dans le goût de l'époque, qui roule et joue sur le mot à double sens d'*impar*, peut se traduire ainsi : — Il y a sept dons de l'esprit éternel; dans le ciel, sept astres brillent d'un éclat merveilleux; de plus, l'Eglise a sept signes sacrés; le Nil, dans les plaines de l'Egypte, a sept embouchures; le fleuve Euripe a son cours gonflé par une septuple marée; et sept cercles tournent magnifiquement autour de l'axe céleste; l'enfant mâle, qui vient au jour le septième, peut, dit-on, arrêter la maladie des écrouelles. Si une vertu admirable est placée dans les nombres, il y a une vertu propre dans le nombre sept. De sept frères, vous venez le septième, *impair* (ou sans pareil); le septième frère *impair* (sans pareil) produit cette œuvre. Quoi d'étonnant, si vous avez un génie impair (supérieur à celui de vos frères) (sans pareil)? le seul septième a tout cela impair (sans pareil).

Le jeu de mots, dont l'auteur abuse avec une redondance de flatterie plaisamment prétentieuse fut agréable au prédicateur limousin, qui l'inséra dans son ouvrage; mais il ne laissait pas que d'être désobligeant pour les autres frères.

L'emblème choisi par Pierre de Besse les épargnait moins encore : il représente sept ruches, dont une seule, celle du dernier venu, *septimus impar*, est couverte d'abeilles. On aurait tort, pourtant, d'en conclure que Besse fût un mauvais parent. Son admirable testament dépose de son dévouement fraternel et de la fidélité affectueuse de ses sentiments de famille.

Il avait aussi pris pour devise ces paroles : *Docebo iniquos vias tuas, et ad te impii convertentur.*

Les éloges prodigués à Besse excédaient sans doute la mesure, mais on ne peut s'empêcher de considérer avec estime cette existence si laborieuse, si exemplaire, si remplie. Sa carrière se prolongea pendant plus de cinquante ans, en pleine et féconde activité. Précepteur, administrateur d'une paroisse de Paris, principal d'un grand collège, prédicateur de prince et de roi, homme du monde et de bonne compagnie, il marqua, en bien des sens divers, son passage dans l'époque troublée qui précéda l'avènement de Louis XIV. Il mena de front ses occupations de prédicateur et la publication de ses sermons, auxquels il donna le nom emphatique, et à la mode du jour, de *Conceptions théologiques :* « Parler et écrire, dit-il, sont choses bien malaisées, mais les faire jouer ensemble, c'est le plus difficile. Les rencontres en sont rares, et y en a peu qui soient propres à cette escrime. » Dans ce grand travail, il eut à essuyer une maladie qui le mit à deux doigts de sa perte. Son cruel souci, pendant cette crise douloureuse, fut d'interrompre ses belles entreprises et de les voir mises au pillage par d'indignes libraires.

III

On peut juger, ce me semble, par les hautes charges que Besse remplit, de la considération en laquelle il était tenu, et par la vogue qu'eurent ses sermons, du cas que ses contemporains en firent. Les personnages les plus considérables acceptèrent la dédicace de ses ouvrages; nous y voyons figurer Mgr le prince de Condé, Mgr de Gondi, évêque de Paris, Mgr de Loménie, les de Héère, le vicomte de Pompadour, Antoine Séguier, Mgr le comte de Fiesque et le plus grand de tous, le cardinal de Richelieu. De tels patronages ne s'étaient pas égarés, il faut bien le croire, sur un sermonnaire médiocre et trivial. Ils sont encore, pour ce qui est de l'influence qu'il exerça et du rang qu'il prit dans la société de son temps, le meilleur témoignage qu'on puisse invoquer des réels mérites de Pierre de Besse, de sa force intellectuelle, de l'é-

tendue de son talent, du noble usage qu'il fit de
ses qualités, et de ses louables efforts pour aider
au progrès des mœurs, à l'émancipation des in-
telligences, pour soustraire les esprits au joug des
vieilles traditions, les débarrasser du sermon latin, pour ramener dans la chaire la lumière de
l'Evangile, une éloquence décente et chrétienne.
C'est à l'apôtre sincère, au savant prédicateur, au
moraliste prudent et réservé, au restaurateur de
la langue française dans les domaines de la parole sainte que reviennent les honneurs dont
Pierre de Besse fut l'objet de son vivant.

Les meilleures compagnies le recherchaient. Il
était des salons et des *cabinets enchantés* du
xvıı° siècle. On l'avait en estime dans le réduit de
Mme des Loges, une Limousine célèbre, et son nom
comme sa personne avaient du crédit à l'Hôtel de
Rambouillet. Chapelain comptait au nombre de
ses amis. Nous savons cette particularité par
Balzac, qui devint un jour, dans une grave cir-
constance, un de ses justiciables. Il avait une
grande liberté de parole, ce Balzac, et un parler
franc, qui n'étaient pas sans lui faire des ennemis.
Je ne sais au juste quels passages et quelles pro-
positions de ses ouvrages, à propos de la religion
ou des religieux, furent portés en Sorbonne vers
1636 et déférés à l'examen du jury orthodoxe qui
siégeait dans ce lieu vénérable (1). Le docteur
Besse, syndic à la Faculté de théologie, faisait
partie du jury et passait pour un de ses membres les plus influents. Il reçut, à cette occa-

---

(1) Sans doute sa sortie contre les moines, qui donna lieu à une
de ses plus grandes querelles : « Que si quelques petits moines qui
sont dans les maisons religieuses, comme les rats et les autres ani-
maux imparfaits étaient dedans l'arche, veulent déchirer ma réputation, etc. »

sion, la visite du fameux épistolier avec lequel il entretenait un commerce, sinon affectueux comme avec Chapelain, du moins courtois et honnête. Le juge limousin se montra, paraît-il, assez rébarbatif après coup dans cette rencontre et ne se tint pas pour satisfait de la manière vive et peut-être trop libre avec laquelle Balzac prit la chose, le procès et ses juges. Toujours est-il qu'il se refrogna outre mesure, au dire de Balzac, et se renfonça très doctoralement dans son rabat, ce qui excita la verve irascible de ce dernier, comme l'atteste une lettre à Chapelain, du 15 juin 1636, qui mérite d'être rapportée :

Ou il faut que je ne me sois pas bien expliqué dans la Conférence que j'ay eue avec vostre Amy, ou qu'il ait mal pris mon intention, car je ne demande au Docteur Besse que l'honneur de ses bonnes grâces, qu'il m'a promises solemnellement; ni à la Sorbonne que la jouissance de la Paix, qu'elle m'a accordée en la meilleure forme que je pouvois désirer. Ce seroit une chose bien estrange, si j'avois encore besoin de Négociation et d'Ambassadeur, pour traiter de nouveau cette vieille Paix. Je croyois que ce fust une affaire morte à Paris, comme elle est oubliée à Balzac. J'ay rendu à la Faculté l'hommage qu'elle a désiré de moy; on m'a assuré que ces Messiéurs en étoient demeurez satisfaits. Après cela, visitons-les comme nos Amis, et cessons de les solliciter comme nos Juges. Je pense que le Docteur Besse se repent de m'avoir trop bien traité. Il eust peut-estre voulu que j'eusse pris un habit de deuil et que je me fusse laissé croistre les cheveux et allonger la barbe jusqu'à la ceinture, afin de me présenter devant luy en cet estat d'Accusé et de Suppliant. La sévérité doctorale ne doit pas aller jusques-là; et dites, je vous prie, à vostre Amy, qu'il ne faut pas lasser les gens par des formalités qui ne signifient rien et qui ne finissent jamais.

L'incident n'eut pas de suites fâcheuses. Balzac fit comme le roseau, plia, passa sous les fourches caudines de la Sorbonne, et s'inclina non sans malice, tout en maugréant, devant la justice de ses Pères.

Sa renommée ne resta pas bornée à la France ; elle avait passé à l'étranger et s'était répandue dans tous les pays catholiques. Les éditions des *Conceptions théologiques,* qui se succédaient, étaient épuisées aussitôt qu'elles avaient paru ; « il n'en restait pas en boutique de libraire. » On en demandait des traductions latines ; plusieurs écrivains s'y étaient déjà maladroitement essayés ; pour complaire au goût du public, de Besse se vit obligé de traduire lui-même en latin quelques-uns de ses ouvrages, ce qui n'empêcha pas d'autres traductions de paraître en même temps. Nous en trouvons qui sont imprimées à Cologne, à Venise, à Munich et à Mayence. L'Italie et l'Espagne ont les leurs. Les contrefaçons se mettent de la partie et se multiplient à l'avenant. L'amour propre de l'auteur en éprouve de cuisantes blessures. Les éditions privilégiées, celles qu'il peut revoir, amender, amplifier et embellir à sa guise, sont les seules qui aient du prix à ses yeux. Il se préoccupe du format, des caractères typographiques, des menus détails d'exécution. Aussi, tous les travestissements le désespèrent ; il poursuit de ses récriminations amères les fabricants éhontés de falsifications. Dans nombre de ses *préfaces* et *avis au lecteur*, il revient sur ce scandale, sur le grand dommage qui lui est fait ; il crie au voleur et au loup, se plaint d'être vilipendé, deshonoré, non seulement au dehors, à l'étranger, mais en France, dans son propre pays, au lieu même de sa naissance ; sa cause pourtant, dit-il, mérite tous les égards, la protection des pouvoirs publics et l'appui des honnêtes gens : c'est celle de l'Eglise, de la France et du Roi ; et il a honte de paraître ainsi défiguré, en si piteux équipage, de voir « ses roses changées en chardons, son sucre en absynthe, ses vérités en mensonges. » Il voue à l'opprobre les libraires audacieux qui se livrent à de si abominables attentats, les dénonce au conseil du roi, exalte les décrets qu'il obtient pour châtier de telles entreprises et cherche à jeter l'épouvante dans le cœur de ceux qui seraient tentés à l'avenir de commettre de pareilles vilenies à son égard. Pour le sujet en lui-même, pour le fond et la substance du discours, il ne redoute pas la controverse et s'en remet à la libre censure du lecteur. Mais sur la forme, il est rempli de scrupules, ne croit jamais avoir assez bien fait ni assez bien dit. On verra plus loin, dans la première notice bibliographique, avec quelle insistance et humilité il demande audience au lecteur, pour l'entretenir de ses misères, de ses chagrins, de ses soucis, et avec quelle joie naïve il lui présente un ouvrage poli par ses soins, passementé et paré richement, ayant reçu « la façon et la lime. »

Ce ne sont point là, il faut en convenir, des préoccupations vulgaires ; elles montrent le culte élevé et le respect que Besse a des lettres, des choses de l'esprit. Elles justifient sa réputation, aux yeux des hommes éclairés de son temps, et sont dignes de lui faire une place estimable dans l'histoire des lettres et des mœurs religieuses, antérieures au grand siècle.

Il nous semble que les écrivains de nos jours, qui ont cité son nom, n'en ont pas parlé avec une exacte justice. M. Sainte-Beuve, dans son *Port-Royal*, le classe parmi les plus méchants prédicateurs, à côté des Valladier et des Ségueran. M. de Loménie (1) le range dans la même compagnie, mais avec un correctif : « Besse, dit-il, est aussi absurde que Valladier ; comme lui, il trouve le secret de donner une tournure grotesque

____

(1) De la prédication au xvii° siècle avant Bossuet.

même aux idées les plus raisonnables ; mais il est moins ennuyeux que son confrère, et ses bizarreries ne sont ni aussi brutales ni aussi pédantesques ni aussi obscures. Pour ce Limousin, comme pour tous les autres prédicateurs du temps, la démonstration d'une vérité de foi ou de morale doit ressortir d'un amas d'anecdotes empruntées à la mythologie, à l'histoire profane ou sacrée, aux naturalistes de l'antiquité ou du moyen-âge, de similitudes ingénieuses et souvent de bouffonneries ; plus les rapprochements sont tirés de loin, imprévus, forcés, suivis avec acharnement dans le détail, plus le succès est assuré. Aussi Besse est-il fier de ces similitudes. Il les note et les qualifie lui-même sur la marge de ses livres, où on lit à chaque page « belle similitude, subtile imagination, belle » allégorie, belle conception... » On trouve ensuite, à la table de ses sermons, un procédé que Scudéry adoptera plus tard à la table de son poème d'Alaric. C'est une classification de ses comparaisons les plus intéressantes. Similitude de *l'humilité au zéro, — de la Vierge au laurier, — du coq au prédicateur, — des canons aux ivrognes, etc., etc.* »

On est porté tout d'abord à s'incliner devant des autorités aussi graves. Il faut presque faire effort pour se soustraire à leur jugement. Je suis pourtant fort tenté, dans l'espèce, de m'inscrire en faux contre leur opinion. Sans aller jusque-là, il me sera bien permis de faire remarquer que leurs témoignages ne sont pas concordants. L'appréciation de Sainte-Beuve est présentée sans développement, sous la forme brève d'une simple affirmation. Le seul mot qu'il en a dit, en passant, dans son grand ouvrage de *Port-Royal*, ne saurait avoir la portée d'un jugement définitif, comme il avait coutume d'en rendre, après une étude approfondie du sujet. Il est à croire que l'éminent critique s'en est tenu pour de Besse, qui ne rentrait pas dans son cadre et ne s'y rattachait par aucun lien apparent, à la lecture de quelques alinéas de ses sermons, à une impression purement de goût.

S'il eût connu ses affinités avec Port-Royal, Sainte-Beuve si curieux des antécédents et des alentours de l'illustre maison, poussant la recherche et l'amas des détails jusqu'au foisonnement, n'eût pas manqué de donner un avis étudié sur le grand oncle d'Arnauld et d'exagérer peut-être en sens contraire son opinion, comme a fait M. Cousin pour le père André, qui était un *Cartésien* et avait, à ce titre, droit à ses faveurs.

M. de Loménie, qui a pénétré plus avant dans l'œuvre de Besse, en porte un jugement moins tranchant et reconnaît la supériorité du prédicateur limousin sur les orateurs contemporains auxquels il le compare. Il le trouve moins ennuyeux, moins brutal, moins pédantesque et moins obscur ; c'est bien quelque chose ; le niveau de Besse n'est *déjà plus le même, il s'élève ; son genre d'éloquence* accuse un certain progrès ; l'opinion de M. de Loménie le sort du groupe obscur des sermonnaires de l'époque et lui assigne, un peu au-dessus, un rang meilleur, non toutefois sans se récrier contre la part trop belle que lui fait M. Eugène Poirson, dans son *Histoire du règne de Henri IV.* Ce dernier auteur place de Besse sur la même ligne que Valladier et leur attribue le mérite commun d'avoir fait remonter dans la chaire le respect, la gravité, la pureté de morale ; mais, par une sorte d'inconséquence, il leur reproche d'avoir, dans la chaire chrétienne, évité d'être chrétiens. L'imputation est absolument injuste à l'égard de Besse, qui fut, par dessus tout, un prêtre et un bon prêtre, un ministre convaincu de la parole divine, un orateur dont le caractère sacré est demeuré toujours visible et sans tache, et que M. Poirson a eu le tort de confondre avec le bourguignon Valladier, qui brilla surtout par le défaut de modération, de décence et de fonds évangélique.

La proportion d'estime que MM. de Loménie
et Poirson lui accordent est un commencement
de réparation; elle n'est pas, à notre avis, l'entière justice. L'auteur de la *Prédication au dix-
septième siècle* montre bien par où Pierre de
Besse se distingue des méchants prédicateurs,
mais ne marque pas assez nettement la ligne de
démarcation. Plus préoccupé des défauts que des
qualités, M. de Loménie laisse dans l'ombre les
côtés qui le rapprochent d'une école plus correcte,
plus judicieuse, voisine de l'élégance et de la clarté
littéraire, qui a déjà pris possession de la chaire,
l'école de Senault et de Camus, et même, en plus
d'un point, comme on le verra plus bas, par la
grâce ou la gravité du discours, de saint François
de Sales et de Lingendes, des précurseurs immé-
diats de Bossuet.

De Besse a subi le sort réservé aux orateurs et
aux écrivains des époques de transition et de re-
nouvellement; on ne s'est attaché qu'à ses défauts,
très saillants du reste et très touffus; on n'a pas
vu ses qualités; elles valent cependant la peine
d'être discernées et signalées. Quelques citations
extraites de ses sermons et écrits divers vont nous
servir à les mettre en lumière.

IV

Son *Carême* prêché à Saint-Séverin est, de ces
différents ouvrages, celui qui eut le plus de vogue.
Le premier en date, il porta du premier coup aux
nues le nom du nouveau prédicateur. « Depuis
neuf ou dix ans que le ciel m'a jeté à sa solde, me
réveillât aux alarmes publiques, j'ai pressé souvent
l'ennemi (l'hérétique) et l'ayant combattu coura-
geusement en plusieurs belles chaires, je dis des
plus belles de ce royaume par plusieurs saintes

prédications, je l'ai encore poursuivi par toutes sortes d'écrits jusques au delà des frontières étrangères..... Le premier de mes essais et de mes efforts a été ce *Carême* qui a déjà vu des impressions, a été vu de tout le monde. L'ennemi se fortifiant, j'ai chamaillé tout un avent sur les péchés et l'hérésie, les quatre fins de l'homme me servant de sujet, la parole de Dieu de *coutelas*, et l'église de Saint-Séverin en a été le théâtre. Maintenant que l'alarme continue et le courage me redouble, je mets aux champs une nouvelle armée de *Nouvelles Conceptions* et leur assigne pour jours de bataille les saints jours de dimanche et leur donne un grand aumônier de France (le cardinal du Perron), un grand archevêque de Sens et un grand cardinal de l'Eglise, enfin un trismégiste pour capitaine. »

Sauf le *coutelas* qui est, en cette place, une figure démodée, il est impossible de n'être pas frappé dans le morceau qui précède de la rectitude des termes que Besse emploie, de la suite de l'image et du mouvement de la période. Ce qui étonne pour le temps et ce qui surprend de Besse tout le premier, c'est, qu'on me permette l'expression, le vêtement à la française dont sont parés ses sermons. Il éprouve le besoin de s'en excuser, prie le lecteur de ne point trouver mauvais qu'il parle toujours français et ne passemente point des sujets si riches de *byzaus à la romaine,* « car travaillant pour les Français, il fallait les border de galons à leur langage et le latin y eût été une couleur trop bizarre. Au reste, leur donnant cette couture, je les ai parés richement, leur faisant prendre leurs meilleurs habits et quitter ceux de tous les jours pour prendre les autres de bonnes fêtes.

» Je suis libéral parfois du bien d'autrui et prends si hardiment des fleurs dans leur jardin (celui des grands auteurs), que de peur qu'on ne crie au larcin, j'avoue incontinent le fait, nomme mes marchands et mes auteurs ; et, ne prenant rien en cachette, je rends l'honneur à qui il appartient. »

Si donc il rencontre quelque trait à son profit, il le refond et le remet en nouvelle forme, « rendant par cet artifice toute la chose mienne, et ne prenant d'eux que la planche et le sujet de l'histoire. »

La suite du passage est rapportée dans la première bibliographie ; elle est intéressante à lire ; on y trouve le sentiment très vif de l'importante réforme que Besse poursuit ; elle dit sensément et avec clarté ce qu'offre de choquant au pays d'Amyot, de Rabelais et de Montaigne, l'usage immodéré du latin, et combien il est préférable et plus séant de parler français en France. Ce qu'il dit des historiens, des poètes et des philosophes, auxquels il emprunte leurs armes pour les mieux combattre et dont il ne prend jamais rien en cachette, rendant l'honneur à qui il appartient, est d'un sentiment éclairé et honnête.

Son sermon pour le *Samedi d'après les Cendres* contient de belles parties. Le début en est simple et saisissant : « L'arche de Noë jetée sur les flots et sur les vagues du déluge fut attaquée l'espace de quarante jours d'une furieuse tourmente. Il y eut bien du péril, mais non pas du naufrage, et la colombe y entrant, portant en son petit bec un rameau d'olives, ce fut un signal de paix et un présage que les eaux étaient passées. » Puis il décrit les tempêtes, dépeint les persécutions qui ont assailli l'Eglise ; il la compare à l'arche d'alliance qui porte les Tables de la Loi.

« A propos d'arche, dit-il, les eaux du déluge noyèrent tous les palais et toutes les places du monde ; il n'y eut que l'arche de Noë qui se sauva

sur les montagnes d'Arménie. De même les flots
et les vagues des guerres ont rasé et enseveli toutes les monarchies, excepté la vraie arche de Noë,
qui est la sainte Église, la monarchie de Jésus-
Christ, *regnum quod in æternum non dissipabi-
tur;* monarchie qui n'ira jamais en ruine, qui durera autant que le monde. On lit de Mithridate, ce
roi du Pont, qui donna tant de fatigues à l'empire
romain et le brava les armes au poing l'espace de
quarante ans, qu'il ne put jamais être emporté par
poison, parce qu'il l'avait accoutumé dès son jeune
âge ; permettez que j'en dise autant de notre Église.
Ah ! parce que dès son berceau elle a été accoutumée au venin des persécutions, jamais on ne la
peut enlever par persécution ! »

Ce tableau de l'arche de l'Église flottant, indes-
tructible, sur les vagues du déluge, au milieu des
tempêtes, n'est pas d'un peintre vulgaire. Il a de la
couleur et de l'élévation. La comparaison de Mithridate ne détonne pas et a de la justesse. L'orateur poursuit de la sorte son discours, le renforce
d'exemples et de preuves, s'y attache à démontrer
par une infinie variété de citations, d'allégories et
de rapprochements, la souveraineté éternelle de
l'Église. De vives images, de belles inspirations, de
brillants éclairs le traversent, mais vont se perdre
malheureusement dans un appareil oratoire dont
le développement continu fatigue l'esprit et blesse
le goût.

Ainsi, il appuie cette proposition, *il n'y a rien
de plus périlleux que de naviguer sur mer, rien
de plus dangereux que de vivre dans le monde,*
sur ces paroles du poète Ménandre : *satius esse,
pauperem in terrâ vivere quam divitem navigare.*
« Qu'il valait mieux être pauvre poulailler sur
terre que riche marchand sur mer. Et le sage
Caton, dit-il, ne se repentait que de trois choses
en sa vie : d'avoir passé un jour sans rien faire,

avoir révélé ses secrets à sa femme et s'être embarqué sur mer quand il pouvait aller sur terre. O sage Romain, qu'il y a bien plus de péril en l'orageuse mer du monde ! Tous ceux qui y ont fait voile s'en sont enfin repentis. Isocrate, un des plus renommés orateurs de la Grèce, parlant de la république d'Athènes, avait accoutumé de dire qu'Athènes était une belle ville pour s'y promener, mais dangereuse pour y habiter, *ad peregrinandum jucundissimam, ad inhabitandum vero non ità securam.* A quel propos, ô Isocrate, parlez-vous ainsi de votre patrie ? O qu'il a bonne raison ! Ça été la plus ingrate seigneurie, qui ait jamais été au monde ; car tous ceux qu'elle a élevés à quelque grade, elle les a tous aussitôt ravalés avec toutes sortes d'infamie, bannissant les uns honteusement, condamnant les autres à la mort injustement, témoins les Phocion et les Périclès ; témoins les Démosthène et les Socrate. O Isocrate, j'en dis autant de cette mer du monde ; elle est plaisante pour s'y promener, mais dangereuse pour s'y arrêter ; oui, monde, tu es le plus ingrat qui ait jamais été en la nature ; tous ceux que tu élèves aux honneurs, tu les terrasses avec déshonneur. *J'en veux faire voir des preuves,* » et il multiplie les preuves, les exemples, les anecdotes ; il parle des *postillons d'Éole,* persécutions et tyrannies, qui ont assailli le divin navire, des trois escadrons qui le montent, le premier composé d'ecclésiastiques, le second de laïques, le dernier de religieux « navire terrible, effroyable aux démons, et destiné à la guerre. Jésus-Christ est son pilote, la croix lui sert de mât, les vertus de voiles, la charité de cordages, les sacrements de canons, les grâces de munitions. » C'est là du mauvais *de Besse;* mais tout à coup l'orateur se relève, retrace à traits rapides les hérésies et les cruautés des Ariens, entre dans les temps modernes :

Depuis, quels assauts, quels combats, quels vents, quelles tempêtes a éveillé un Luther allemand, monstre sorti des cavernes de Saxe, l'an 1517, sous le pontificat du pape Léon et du temps de l'empereur Maximilien? Il bat en ruine les Indulgences, il déracine le Purgatoire, il enrage contre les évêques, il tempête contre toute l'Eglise. Mais, France, quels vents as-tu senti? Quels orages enduré pour un malheureux Calvin ? Vents, qui ont étouffé tes prêtres, rompu tes cloitres, mis en pièces tes images; vents, qui ont fondu tes calices, emporté les bénéfices, violé les choses saintes : *Horresco referens*. France, tu en vois encore les fumées; les plaies en sont encore sanglantes.

On sent passer là le souffle d'une réelle éloquence, et il est facile de comprendre, par l'émotion du langage, l'effet produit sur l'auditoire, à une époque si voisine de l'hérésie et encore si brûlante.

Ailleurs, dans un sermon sur le *Jeudi d'après le dimanche de la Passion,* parlant de sainte Madeleine, il fait entendre une voix qui ne manque ni de vigueur ni d'éclat :

Cette pauvre pécheresse ayant vécu fort longtemps en un péché si énorme, étant enfin inspirée du ciel et reconnaissant son vice, se résolut d'en faire aussi grande pénitence comme elle en avait donné de scandale, et commençât par une douleur et contrition extrême de son péché. La voilà toute changée, la voilà en campagne, la voilà qui sort hors de sa maison, qui sanglotte par les rues, qui cherche Jésus-Christ pour lui demander pardon de toutes ses fautes et la guérison de son âme. O âmes pécheresses, approchez-vous un peu; venez voir la sortie de cette pauvre pénitente : la voilà, qui court les rues, toute passionnée, qui déchire ses habits comme une forcenée, qui remplit l'air de regrets, qui rompt sa poitrine de coups, sa bouche de soupirs, sa langue de cris, tout son corps de pénitence. La voici toute éplorée, toute échevelée, qui entre en la maison d'un Pharisien, et rencontrant Jésus-Christ à table, se jette à ses pieds, les serre, les embrasse, les arrose de ses larmes, les essuie de ses cheveux, les parfume d'onguents et les baise et rebaise mille fois de sa bouche; ô quels actes de pénitence ! »

De pareils mouvements ne sont pas rares dans l'œuvre de Besse ; ils l'animent et la décorent, y font courir par intervalle comme une sorte de flamme sacrée ; ils découvrent à l'esprit un horizon nouveau et lui donnent le pressentiment des gloires réservées à la chaire chrétienne.

Ce qui a manqué à son talent, c'est le développement mesuré de la pensée, l'épanouissement sobre et suivi des images, la continuité et l'égalité de bon sens et de bon goût qui feront l'honneur des maîtres. Pierre de Besse, du reste, ne se fait pas illusion sur les défauts et le trop plein de ses discours. Il s'en explique à plusieurs reprises, en demande pardon au lecteur, dit que ce n'est pas un vain jeu de sa part et pour l'unique plaisir de s'étendre outre raison ; qu'en des sujets de telle importance, sa conscience lui reprocherait d'avoir oublié quoi que ce fût, et qu'à son jugement « les discours doivent ressembler aux banquets où il vaut mieux qu'il y ait trop que du manque. »

En tête de ses *Conceptions théologiques sur toutes les fêtes des saints et autres solennelles de l'année*, se remarque une belle épître à très noble et très vertueux messire Nicolas Le Jay, sieur de Tilly, conseiller du roi et président en cour du Parlement de Paris ; il y énumère les qualités qui font le grand et vertueux magistrat, les met en relief avec une abondance et une vivacité d'expressions où l'on trouve peu à reprendre ; il en voit un exemple éclatant dans le haut personnage auquel son épître est dédiée :

L'exemple est plus fort que les discours. Ce que voient les yeux se grave mieux que ce qu'entendent les oreilles. C'est par leurs actions, plus que par leurs harangues, que les grands hommes se recommandent à l'esprit et à l'admiration.

Il cite ce que Tacite dit de Sénèque qui, étant sur

le point de mourir et désirant faire son testament, se vit refuser cette faveur.

Senèque alors se tournant vers ses amis, leur dit que puisqu'on l'empêchait de les remercier sur les obligations qu'il leur avait communes, et de pouvoir reconnaître leur mérite, il testait néanmoins et protestait devant le ciel et la terre, de leur laisser l'image de sa vie, qui était la seule et la plus belle chose qu'il eût acquise au monde.

Ce que Tacite dit de ce philosophe, je le veux appliquer à l'honneur de tous les saints, et dire que ces grands hommes, vrais philosophes de la terre, n'ayant pu ou voulu tester d'autre chose que de la vertu et sainteté, nous ont laissé après leur mort, comme riches et précieux légats, les images de leurs saintes et admirables Vies.

L'épître est d'un ton élevé, sage, bien proportionné, d'un ensemble juste et soutenu.

De Besse accuse un faible particulier pour cet ouvrage sur les *Fêtes des Saints*; il insiste sur les soins particuliers qu'il lui a donnés; il ne craint pas de dire qu'il offre au public un grand travail, « qui est comme un effet général de toutes ses puissances et capacités et sera peut-être sa dernière œuvre »; qui lui a donné les plus amers soucis, interrompu qu'il fût par une grande maladie, mais de plus indignement pillé et altéré par les libraires. Pour l'accomplissement d'un si important ouvrage, il a dû faire de grands frais « et se servir non-seulement des passages des diverses écritures, des décrets des saints conciles, des sentences des bons pères et des autorités des fidèles docteurs de l'Eglise, mais encore y employer les histoires profanes, les paraboles des poètes, les apophtegmes des orateurs et les rencontres des philosophes gentils. Le lecteur ne s'en offensera point et n'en prendra pas ombrage comme de fait nouveau et inusité; il s'en trouve des exemples dans les saintes écritures et parmi les écrits des pères de l'Eglise. » Si ses desseins réussissent, si ses labeurs consolent les saintes âmes, portent les méchants à se convertir et entrer en pénitence, il remerciera Dieu éternellement et se sentira obligé toute sa vie aux lecteurs qui auront excusé ses imperfections et supporté le *langage étranger d'un Limosin*.

Le *Vœu de l'auteur* traduit en vers, d'une façon naïve et touchante, cette pensée toute chrétienne :

> Grand Dieu, pour qui tous mes desseins,
> En écrivant les faits des Saints,
> Ont travaillé en ces ouvrages,
> Faites d'ici que les pécheurs,
> Se retirant de leurs malheurs,
> Prennent sujet d'être plus sages.

Son dessein s'était, au début, borné à quelques *fêtes des Saints*, aux plus solennelles de l'année; mais le bruit qui s'en était répandu et avait donné le goût de ces sortes de discours, « tant parmi les chrétiens de France que parmi les étrangers d'ailleurs, d'Italie, des Pays-Bas, » le vint trouver dans sa solitude et solliciter à entreprendre davantage, à travailler sur le reste des Saints, et les autres Fêtes; ce qu'il fit, afin, dit-il, « de contenter leurs saints désirs et témoigner mes chrétiennes affections, en ce qui regarde et la gloire de Dieu et l'exaltation de son Eglise et le profit des âmes. »

Il en avait semé quelques-unes (de ces fêtes des Saints) dans ses autres Conceptions, comme en l'Avent et au Carême, « quelques-unes comme fleurs écartées et produites hors de saison; « afin que tout allât par ordre et sans confusion, je les ai, dit-il, arrachées pour les transplanter en leur propre lieu et y planter toutes les autres, pour de là les faire voir toutes ensemble, comme en leur propre terrain et dans un même parterre. »

Ce sont de vraies belles fleurs, et bien odoriférantes, que les vies des Saints. L'Eglise en est le jardin royal, et qui en produit, et de tout temps, de toutes sortes. Ce sont ces belles et vives fleurs qui paraissent dans la terre de l'Epouse, au livre des Cantiques; l'odeur en est extrêmement agréable et les parfums si doux qu'ils sont capables d'embaumer, de charmer, voire de ravir et les hommes et les anges. Le ciel et la terre ont sujet de dire ce que disait cette dévote Amante sur les ravissements amoureux de son fidèle : nous courrons après les senteurs de vos onguents et parfums admirables, car il n'y a âme ici-bas en terre, ni esprit là-haut au ciel, qui ne soit porté et transporté pour courir après les Saints, ceux d'ici-bas pour les imiter, et les autres de là-haut pour les admirer, ayant haleiné et fleuré tant soit peu la senteur de leurs vertus et la bonne odeur de leurs Saintes Vies.

Voilà assurément une langue nouvelle, qui n'est déjà plus du xvie siècle, élégante et souple, d'une agréable harmonie, où l'on sent comme les parfums avant-coureurs et les haleines de l'admirable printemps qui s'approche avec saint François de Sales.

Le livre de la *Royale Prêtrise,* dans certaines de ses parties, met en un jour non moins favorable les qualités d'observation, de discernement, de sincère et vaillante franchise qui caractérisent Pierre de Besse. Il est divisé en trois chapitres : 1° de la dignité des prêtres; 2° des parties et perfections nécessaires aux prêtres; 3° des choses défendues aux prêtres.

L'auteur éprouve, tout d'abord, le besoin de se justifier d'avoir entrepris un si haut et si difficile sujet pour un simple prêtre, qu'il compare à l'homme d'Esope porteur de la double besace. Son entrée en matière est curieuse :

Un ancien philosophe, étalant des bagatelles, représentait de son temps un homme d'étrange humeur, portant une besace parmi le monde, dont une partie pendait par devant, où il mettait tous les péchés d'autrui, pour les voir à son aise et les produire souvent au bureau de sa mémoire, et l'autre par derrière où il fourrait les siens, afin de ne les voir jamais, et les ensevelir au tombeau d'oubliance. Sans m'arrêter à la moralité de cette vieille parabole, qui voulait dès lors signifier que nous hurlons tous à ce mauvais naturel, que de découvrir incontinent les imperfections des autres et ne pouvoir reconnaître les notres, je fais état qu'en me voyant faire ce que je fais, on croira que je joue ce personnage et suis cet homme des anciens, et mon livre en est la besace, puisque je parle si hautement de la grandeur et majesté des prêtres et mets en évidence leurs vices et leurs fautes, et ne puis remarquer ni donner jour aux miens, mettant celles-là par devant et celles-ci en arrière.

Insistant sur cette idée, il ajoute :

J'ai admiré cent mille fois la témérité de ce pharisien évangélique, lequel estant au milieu du temple, remarquoit tous les larrons, tous les paillards et tous les scélérats qui vivoient en sa republique, et ne pouvoit apercevoir le faste, l'arrogance et les autres passions tyranniques et bourrelles de son âme. Je crains qu'on ne m'estime pour tel, et que s'estonnant de ma presomption, on ne me taxe de vivre à la pharisienne, puisque ne pouvant voir ce qui est de mes fautes particulières, je fouille si avant, et recherche si curieusement dehors, que je descouvre les scandales et les abus des prélats en l'Eglise, les concubinages et avarices des prestres aux paroisses, et les lubricités et sacrilèges des religieux dans les cloistres. Il ny a remède, le zèle que je porte à la religion, l'obligation que j'ai de faire valoir les talents, et le desbordement que je voy de ceux de ma profession, me jettent en cette lyce, pour battre le tocsain, et sonner la trompette, mais tellement que je n'ay pu me retenir, que je n'ay crié alarme, y voyant Dieu tant offensé, le public tant intéressé et l'Eglise si scandalisée.

On dit qu'un fils muet du roy de Perse, voyant son père et son prince au péril de sa vie, prêt d'être assassiné par un soldat parricide, qui ne le connaissait pas, fut si ému de ce danger paternel, que l'appréhension lui rendant la parole, en s'écriant dit au soldat : ne le tue pas, c'est le roy, sauve la couronne! Il m'en arrive tout de même; car ne pouvant souffrir que le roi des rois soit offensé par tant de vices, le peuple scandalisé, et toute la chrétienté tant affligée, je suis forcé de rompre mon silence, et reprenant la parole, je crie de toutes parts : drappe

sur les vicieux, charbonne les meschants, exalte les vertueux ;
et je dresse cet avertissement pour défendre ma profession et
l'honneur du sacerdoce, au défaut des plus suffisants et capables, qui le pouvaient mieux faire et n'en ont voulu prendre
la peine. Et ce qui m'enfle le plus le courage, c'est que je me
va représentant, que quelquefois les conseils des plus petits
donnent coup, et sont utiles au public, où ceux des plus perti-
nents demeurent vains et inutiles. Les conseils de Jethro,
simple prêtre de Madian, sur le fait des Magistrats Hébraïques,
furent jugés souverains par le grand pontife des Hébreux
Moïse ; et celui qui était l'oracle de l'univers et conseillait tout
le monde se servit bien à propos du conseil d'un idolâtre.
Hormis l'idolâtrie, prenez que je sois un autre petit Jethro,
et peut-être que ce que je dis, et les conseils que je donne
sur le fait de la prêtrise, ne seront pas pour néant; ains ser-
viront aux grands prélats, aux religieux et à l'Eglise.

Le passage est loin d'être irréprochable ; les
imperfections de style abondent encore ; mais que
nous sommes loin des criailleries et des invectives,
des bizarreries et parodies grotesques, familières
aux prédicateurs et écrivains religieux du commencement du règne de Louis XIII ! La comparaison empruntée à Esope n'a rien de choquant à
la place qu'elle occupe, dans un entretien familier ;
les développements que l'orateur lui donne ne sont
pas sans justesse et sans gravité. Sous la trame
inégale du discours, on découvre, non plus l'imagination déréglée d'un sectaire porté au dénigrement et à la satire, mais une âme émue, ardente,
embrasée de l'unique désir de défendre sa profession et de travailler au bien de l'Eglise. La sincérité
des convictions de Besse, l'émotion et la chaleur de
sa foi chrétienne, la dignité de l'apostolat, tel qu'il
le comprend, percent à travers ses incorrections et
communiquent à son langage un caractère éloquent
et pathétique.

Dans l'*Avis au lecteur*, qui précède les *Conceptions théologiques sur les quatre fins de l'homme*,
il fait allusion, dans des termes d'une douce

allégresse, à une maladie assez grave qui retarda son ouvrage, et faillit l'emporter. « Enfin, j'ai gagné mon procès, et me voici pour te servir encore ! Le ciel m'a donné délai pour faire pénitence et loisir pour achever mon ouvrage. C'est le second de mon métier, et après un *Carême* un *Avent* devait naître » et il ajoute : « Ne me blâme point de le faire parler français et profaner les mystères ; car il m'eût été moins difficile de l'habiller en latin et lui tailler robe d'une autre étoffe, que de lui donner ce fil et cette pointe commune. Mais considérant la curiosité de notre siècle, où l'on jette tout à la fonte française, grec, latin, espagnol, italien et autres, rendant toutes choses vulgaires, j'ai mieux aimé l'instruire moi-même en ce langage, et le faire gazouiller de la sorte, que d'en donner la peine à quelque autre qui ne lui eût pas été si bon maître. »

Le fil et la pointe dont parle de Besse ne sont pas déjà si communs qu'il veut bien le dire. Il s'en sert, à l'occasion, dans la langue de Ronsard, et fait preuve d'une fermeté de touche qui décèle une main exercée, un esprit habile dans toutes les variétés du bien dire. Son sonnet, à messire Philippe-Emmanuel de Gondi, comte de Joigny, général des armées de France, n'est pas indigne des bons poètes du temps :

Inimitable cœur, à qui la destinée
A promis justement des lauriers toujours verts,
Dont la douceur attire à soi tout l'univers
Et la digne grandeur rend la terre étonnée,

Si mon âme à bon droit à ton loz adonnée
Pouvait tant de vertus étaler en ses vers,
On n'orrait que le bruit des mérites divers,
Qui font qu'à t'honorer toute âme est obstinée.

Mais l'esprit est trop bas et le sujet trop haut;
Toutefois, je dirai, nonobstant le défaut,
Afin qu'en peu de mots toute chose s'enserre,

> Te voyant sur la mer commander aux vaisseaux,
> Que ta prudente main peut tout dessus les eaux
> Et ta guerrière main peut tout dessus la terre.

Le prédicateur-poète n'est pas moins bien inspiré dans un sonnet à son bienfaiteur, M. Deheère, conseiller en la grand' chambre au Parlement de Paris :

> Si le grand Jupiter de quelque humain langage
> Se fut voulu servir descendu parmi nous,
> Il eut choisi celui d'un Platon par sus tous,
> Tant il était jugé poli, savant et sage.
>
> Ce que les Grecs ont dit d'un si grand personnage,
> La perle de son temps, chacun le dit de vous,
> Dont le discours paraît sage, prudent et doux,
> L'Oracle du Palais, le Phénix de cet âge.
>
> Si le grand Dieu du ciel descendait ici bas
> Pour y rendre le droit, et juger les débats
> Qui naissent parmi nous et troublent notre France,
>
> Il prendrait d'un Deheère et le sens et la voix,
> Il prendrait de sa main les règles et les lois,
> Et pèserait le tout au poids de sa balance.

Nous allons voir tout à l'heure comment la prose de Besse, lorsque le sujet est d'importance, se monte au niveau des personnages qu'il met en scène, gagne en profondeur et en noblesse, se colore et s'anime.

Un de ses meilleurs et plus substantiels ouvrages est la *Pratique chrétienne pour consoler les malades et assister les criminels qui sont condamnés aux derniers supplices*. Il est dédié à très illustre, très révérend et très puissant seigneur, Monseigneur le cardinal de Richelieu. L'épître qu'il lui adresse se ressent visiblement de la grandeur du personnage, et prend, sous la plume de Besse, un tour remarquable de clarté, de gravité et d'harmonie :

Ce sera de vrai un coup d'étonnement et qui passera pour grande merveille dans les siècles futurs qu'un jeune seigneur comme vous, arraché d'entre les bras des muses, et sortant tout bouillant du sein des universités, ait été appelé du ciel pour commander en prélat dans le navire de l'Église, et choisi sur la terre pour gouverner en grand homme d'Etat les affaires d'un grand royaume. En cela, vous avez prévu et le temps de votre âge et l'opinion des hommes; et tout ce que les plus grands esprits peuvent et ont accoutumé de produire de merveilleux sur l'arrière saison, et dans l'automne de leur vie, vous l'avez fait paraître tout au printemps de la vôtre et les fleurs et les fruits sont sortis à même temps en l'arbre de votre vie.

A ce propos, les naturalistes disent qu'entre les plantes les plus rares et prodigieuses qui se rencontrent en l'univers, il s'en trouve une toute merveilleuse qu'ils appellent *filius ante patrem,* parce que, d'une façon étrange, elle porte fruit plutôt que de fleurir, qui est contre l'ordre de la nature. J'ose dire et maintiens qu'on vous en a vu faire tout de même. Vous tenez sans doute du naturel de cette plante, car à peine étiez-vous à la fleur de votre âge, que vous avez commencé à produire des fruits merveilleux, tantôt d'un grand évêque, défendant la vérité et foudroyant les hérésies, et tantôt d'un sage politique conduisant les États et débrouillant les affaires.

De Besse avait cinquante-six ans, lorsqu'il publia la *Pratique chrétienne.* Son expérience était déjà longue; plus de la moitié de sa vie s'était passée dans l'exercice du ministère apostolique; il connaissait à fond les tribulations, les misères, les besoins de la vie, les grandes consolations qui sont nécessaires à l'homme. J'en puis parler, dit-il, comme savant et en apprendre quelque chose aux autres :

Voilà pourquoi je me suis avisé, comme vieux pasteur, d'enseigner cette pratique aux plus jeunes et leur dresser quelques discours en forme d'exhortations, pour assister et consoler leurs malades. Car, comme je sais que c'est le point le plus important en la charge d'un curé que d'avoir soin des affligés et particulièrement de ceux qui sont en infirmité, aussi ai-je voulu les assister en ce cas-là, et, pour s'en acquitter dignement, leur en laisser des mémoires, pour s'en servir à leur plaisir.

Les harangues en sont longues, dit-il, « car je n'ai pas plaint l'étoffe, ni voulu faire le chiche: mais c'est à la prudence et discrétion de celui qui s'en voudra aider, d'en faire comme bon lui semblera, et mettant la pièce en coupe, en prendra tant et si peu qu'il jugera lui être nécessaire, et de ce grand narré fera un petit extrait resserré dans quatre ou cinq périodes pour contenter son malade et n'ennuyer personne.

» C'est une belle chose de voir un beau jardin émaillé de toutes sortes de fleurs, dressé en compartiments et borné de palissades. Et quiconque voudrait enlever tout à coup tout ce qui est dedans, de rare et de plaisant, il se rendrait un indiscret et témoignerait n'avoir point de jugement; mais, s'il venait à cueillir une fleur deçà, et une autre delà, du myrthe d'un côté et du lilas de l'autre, et liait tout cela ensemblement, il ferait sans doute un bouquet de bonne grâce. J'étale ces miens discours, ainsi qu'un beau et grand parterre: il y a dedans tout plein de belles fleurs, je dis de sentences et beaux rencontres ; de les vouloir arracher toutes à la fois et s'en servir en confusion, il n'y a point d'apparence ; mais en cueillir deçà delà diversement et assembler le tout bien proprement, on fera comme un petit bouquet, j'entends un petit discours, qui sera agréable à tout le monde. »

L'esprit pratique de Besse se montre ici tout à son avantage. Le jugement qu'il porte de son ouvrage fait voir qu'il ne s'aveugle pas sur le parti qu'il convient d'en tirer ; il l'exprime avec bon sens et bonne grâce. Si ses discours, trop longs, ressemblent à un vase qui déborde, ce n'est pas pour les proposer en exemple, et qu'il soit bon de s'en servir sans discernement, mais pour que chacun, suivant ses besoins et sa nature d'esprit, y puise avec discrétion, en prenne ce qui lui agrée et ce que les circonstances exigent; « les malades sont dégoûtés du boire et du manger; de même, des discours et paroles. » De brefs entretiens, de courtes remontrances suffisent. On mettra « la pièce en coupe; » on en fera de petits extraits pour n'ennuyer personne.

Voilà qui est parler d'or et s'applique justement à l'ensemble des ouvrages de Pierre de Besse. On y pourrait, par ce procédé, par une « mise en coupe » intelligente et judicieuse, recueillir bien des avis utiles, des conseils éclairés, des images intéressantes, nombre de comparaisons et de rapprochements, qui auraient leur place dans la prédication de tous les temps. Le mérite de l'écrivain et de l'orateur, débarrassé des ronces et des mauvaises herbes qui le recouvrent, se ferait jour, serait mieux apprécié, désarmerait peut-être les rigueurs de la critique. Dans un recueil composé ainsi par une main avisée, se verraient ces rencontres agréables dont parle Besse, et se lirait plus d'une page attachante, non dépourvue d'une certaine délicatesse d'esprit et pureté de goût, comme par exemple celle-ci :

Lecteur, la saison de ce printemps te produit des fleurs nouvelles, crues et épanouies dans le jardin de nos Conceptions. Tu en eusses eu plutôt et la vue et l'usage, si la crainte du mauvais temps et l'appréhension des troubles, comme grêles, gelées et brouillards contraires à telles plantes, n'eût reculé leur sortie et retardé leur naissance. Mais maintenant qu'un bel air aspire, et un soleil favorable de paix nous éclaire, elles sortent assurément, et s'en vont tout droit entre tes mains pour te donner du plaisir et t'offrir leur service. Le plaisir naîtra en les fleurant, et le service suivra en les pratiquant, et jugeant de leur mérite. Je t'en laisse la connaissance et l'estime, car à moi il ne serait pas séant de taxer le prix ou hausser la valeur de mes denrées. Mais, pour le contentement, je sais bien que tu y en prendras en quelque sorte ; car la couleur en est belle, l'odeur fort bonne, et le fonds de leur naissance est une pure théologie. Enfin, il n'y a rien de mauvais, rien de dangereux, rien qui puisse offenser ou dégoùter une âme bien nourrie ; tout y sent l'honneur, la vertu, et la seule foi catholique. Mon dessein n'a jamais été ni ailleurs en écrivant, et donnant mes labeurs au public, de mouiller ma plume dans une encre mauvaise, et lui faire tirer des discours préjudiciables aux bonnes mœurs, mais bien toujours d'avantager la religion, augmenter la dévotion, planter la vertu, arracher le vice, convertir les âmes et servir à l'Eglise !

Autrefois, comme il est écrit au IV° des *Rois*, un serviteur d'Elysée, ayant cueilli à la campagne des herbes sauvages et amères, et les ayant faites cuire à la maison, on dressa un banquet et les présenta aux enfants des prophètes ; mais ceux-ci ayant senti tout aussitôt leur mauvais goùt et reconnu leur amertume, crièrent à haute voix que la mort était en telles viandes. Il y a beaucoup d'hommes qui, étant de même humeur, cueillent avec même malheur et couchent par écrit des choses sales et deshonnêtes, voire des hérésies et des schismes, toutes herbes mauvaises et venimeuses, et les présentent comme mets délicieux à la table des plus simples. Mais les sages et bien avisés jugent tout aussitôt du venin et crient à tue-tête que la mort est en ces livres, l'excommunication en ces lectures et la damnation en telles œuvres. Je n'ai jamais été et ne serai (si plaît à Dieu) de ma vie si malheureux, que d'amasser dans mes écrits et présenter aux bonnes âmes rien qui ne soit de bonne odeur, et de bón goùt, ni cueillir autres herbes que celles qui sont bonnes, autres fleurs que celles qui sont douces, ni autres choses qui sont saintes.....

Et comme la belle épouse des cantiques, louant son bon ménage, se vante que dans ses jardins on voit des fruits vieux et nouveaux, ainsi me puis-je bien glorifier qu'en façon de bon ménager, j'ai ramassé en cet ouvrage et fais voir à tout le monde, comme en un plaisant jardin, toutes sortes de fleurs et fruits, j'entends de Conceptions et vieilles et nouvelles ; c'est-à-dire, et ce que les anciens pères ont écrit et ce que les auteurs modernes ont ajouté sur le fait de mes matières, fournissant par ce moyen, selon la diversité des goûts et appétits d'un chacun, diversité de mets et de services.

Et il dit plus loin :

Que si parfois je m'égare dans les champs de quelques auteurs profanes, si je produis quelques traits des orateurs ou philosophes, si je rapporte les dits et apophtegmes des rois et des monarques, si je me sers des paraboles et fictions des poètes, si j'allègue des historiens du paganisme, ce n'est pas pour en faire autrement d'état, ni faire tort aux choses saintes, ou dénigrer la théologie ; ains seulement, pour en parer la vérité, en relever son lustre, renforcer son honneur, enchérir sur son mérite, et faire triompher l'Evangile aux dépens et à la ruine de ces richesses infidèles.

Au reste, ajoute-t'il, comme les sages abeilles, volletant par les prairies émaillées de mille fleurs, ne s'attachent qu'aux meilleures et celles qui sont propres à faire le doux miel, et fuient les mauvaises ; tout de même, voltigeant dans ces prairies paganesques, couvertes de mille et mille belles fleurs, je ne m'arrête qu'aux plus douces, et celles qui sont propres à faire le miel de la vertu, ou d'une belle moralité, et laisse celles qui sont amères et sentent le vice, l'infidélité et l'idolâtrie.

De ces pages sensées, élégantes et doucement fleuries, se dégagent, si je me trompe, une impression agréable, une physionomie de directeur spirituel intéressante, un respect touchant des choses célestes.

Ce qu'on y constate à un haut degré, et ce qui frappe le plus vivement en Pierre de Besse, c'est l'idée toujours présente de la divinité, de la mission de l'Église, du rôle de ses représentants sur la terre; c'est la solidité des croyances, la simplicité de la morale. A travers toutes les excursions et divagations que son imagination se permet, il ne perd jamais de vue la chose essentielle, l'objet fondamental de l'enseignement catholique : les âmes à instruire et à consoler, à convertir et à sauver. Il prêche, comme un simple missionnaire de campagne, le pardon des injures, l'humilité, la charité, la haine du péché et du mensonge, les joies du sacrifice, les gloires réservées aux âmes pures. Il n'a que du mépris pour les vains spectacles de la dévotion des Pharisiens, pour ce qui est de parade et d'apparence dans l'ordre des choses divines, pour la religion qui réside seulement sur les lèvres, dans des démonstrations hypocrites. La sincérité qu'il réclame de tous, et surtout des prêtres, des religieux, des pontifes, a son siège au plus profond du cœur et se manifeste par des actions efficaces : « les œuvres, dit-il, doivent s'accorder aux paroles. »

Mais, ô malheur ! ô malheureux prédicateurs, qui n'accordez pas vos œuvres aux paroles ! Vous dites bien, mais vous ne faites pas ; *dicunt et non faciunt*, vous reproche notre Évangile. Vous êtes semblable à cette statue de Nabuchodonosor, car vous avez la tête toute d'or, votre langue est toute dorée d'éloquence, mais vos pieds sont de terre, vos œuvres tiennent de la terre, elles sont toutes vicieuses. Vous êtes une fausse monnaie, car vos discours ont belle couleur, mais vos œuvres sont de mauvais aloi ; vous avez bien la voix de Jacob, mais les mains sont d'Esaü ; vous parlez comme des Jacobs, comme si vous étiez de petits saints, mais vous vivez comme des Esaüs ; votre vie est toute profane ; dites-moi, ne serait-ce pas un monstre, de voir un homme qui aurait la langue plus longue que le bras ? Le prédicateur qui est de ceux *qui dicunt et non faciunt* est un monstre tout semblable ; il dit plus qu'il ne fait ; il a la langue plus longue que le bras. Hélas ! l'Ecriture vous promettait une double couronne, et vous vous rendez digne d'un double supplice, ne faisant point ce que vous dites, et vous rendant superbes.

Enfin, comme lecture courante, facile, presque de tous points sensée et, en quelques-uns agréable, je signalerai le *Triomphe des saintes et dévotes*

Confréries. Ce livre, avec la *Pratique chrétienne,* la *Royale Prêtrise,* le *Bon Pasteur,* constituent dans l'œuvre de Besse une partie importante, d'un sérieux intérêt, préférable à l'autre sous le rapport littéraire, et font de Pierre de Besse, dans les vastes domaines qu'il a cultivés, un guide éclairé, un censeur équitable, un écrivain de bon sens et de progrès. Les rares auteurs qui l'ont honoré d'une mention ne paraissent avoir connu que le sermonnaire, ne sortent pas des *Conceptions théologiques.* Ce point de vue restreint a été fort préjudiciable à Besse dont les ouvrages d'enseignement religieux, de direction pratique et de haute culture sacerdotale ont une valeur morale très digne d'éloge.

Son exhortation aux nobles et dévots Confrères de la Confrérie Notre-Dame de Bonne-Délivrance s'ouvre par une peinture vive et originale :

La sage et puissante reine de Saba, tant recommandée en nos saintes Ecritures, sur le bruit et la réputation, qui courait par tout l'univers, de la sagesse incroyable de Salomon, se résolut de quitter son royaume et son pays pour venir en la Judée, et là, voir si la chose répondait à la renommée et les effets s'accordaient aux nouvelles. Et arrivant en la ville de Jérusalem et de là au Palais Royal de ce prince, sitôt qu'elle eût porté les yeux et les pensées sur l'état de sa maison, qu'elle eût considéré la diversité de ses officiers, la noblesse de ses courtisans, l'ordre de ses gens et la grande quantité de ceux qui lui rendaient service, toute ravie et pleine d'étonnement, commença à s'écrier : Ah ! Sire, tout ce que j'ai ouï en mon pays, touchant votre majesté et sur le bruit de votre grande sagesse, est très certain et véritable. Je ne pouvais croire les discours qu'on m'en faisait et pensais que tels rapports ne fussent que fables et paraboles, jusqu'à ce que je l'ai vu de mes propres yeux, et ai bien reconnu que la grandeur de vos mérites et perfections surpassait de beaucoup le bruit et le vent des langues et des paroles. Bien heureux sont les hommes, et fortunés les serviteurs qui servent votre majesté, qui demeurent

en votre Cour, qui sont toujours devant vous et entendent incessamment votre sagesse.

Quand je me représente l'excellente grandeur, et grande majesté par excellence d'une mère de Dieu ; quand je considère
la sagesse ineffable, l'humilité admirable, et une infinité d'autres belles vertus, merveilles et perfections qui se rencontrent
en cette reine du ciel et de la terre ; quand je me remets devant
les yeux l'ordre et l'état de sa maison, c'est-à-dire tant de saintes
compagnies qui la suivent, tant de dévotes confréries qui l'honorent, tant de pieuses et honorables congrégations qui mar-
chent sous ses enseignes, et tant de belles et bonnes âmes qui
lui ont voué tous leurs services, j'ai bien plus de sujet que
n'eut cette princesse étrangère, d'admirer en criant et crier en
admirant, que ses merveilles excèdent les discours et sa grandeur va au delà de l'éloquence. Et bien heureux sont mille fois
les hommes qui servent sa Majesté, qui vivent sous ses lois,
qui l'ont toujours devant les yeux, qui écoutent sa sagesse, qui
admirent ses vertus, qui l'honorent en leur cœur, qui exaltent
ses mérites, qui lui portent du respect et lui donnent des
louanges éternelles !

Je pourrai ici multiplier les exemples, prendre
presque au hasard dans ce livre consacré à l'éloge
des confrères placés sous la protection de Marie,
mère de Dieu, et reproduire ce qui est dit de la
Vierge, de sa vie et de ses vertus, ou ce qui a
trait à l'origine et à la première institution des
Confréries, ou citer quelques passages des *Exercices spirituels sur les louanges de la Vierge.*
Les bonnes pages n'y sont pas rares. On y trouve,
sur l'histoire et le rôle des congrégations, des
aperçus intéressants, comme à propos des louanges dues à Marie, des oraisons d'une élévation
et d'une grâce toute poétique :

O Vierge, excellente en toutes perfections, et parfaite en
toutes sortes d'excellences, vous êtes ornée de toute beauté,
remplie de toute vertu, riche en toutes grâces et admirable par
une infinité de merveilles ; car la splendeur du soleil cou-

ronne votre chef de ses rayons, la lueur de la lune donne clarté à vos pieds et la lumière des étoiles éclate dans vos yeux et brille sur votre beau visage.

Votre beauté très excellente surpasse toutes les beautés qui sont créées; vous êtes le chef-d'œuvre du Souverain et le plus parfait ouvrage qui soit jamais sorti des mains du Tout-Puissant; le monde n'a jamais rien vu de semblable à votre Majesté; les cieux et les planètes vous cèdent; vous emportez le prix sur les raretés de la Nature; les Anges même vous admirent.

Vous êtes cette pièce de haute lice, cet essai de la divinité, cette saillie de la vertu infinie et cette perle si précieuse de l'univers que les anciens Patriarches ont tant désiré voir durant leur vie, et de laquelle les Oracles Prophétiques ont si honorablement parlé en leurs emblèmes et l'ont représentée de loin par tant de belles figures.

Aussi le Ciel, la Terre, la Mer et toutes les créatures vous admirent incessamment et donnent louanges éternelles à votre sacré nom; d'autant que vous avez été ce beau vase d'élection, où a été enclos le plus riche trésor et le plus beau joyau du monde, car celui que vous avez porté dans vos flancs porte en ses mains tout l'Univers et a moulé le monde même dans ses doigts, l'a conservé sans peine depuis cent mille ans et davantage, et le balance comme il veut, par la force de sa puissance.

Pour cela, les cieux chantent votre gloire, les éléments exaltent vos louanges et le temps fait courir le bruit de vos miracles. Pour cela, vous êtes réclamée de toute l'Église des fidèles, et moi particulièrement, je vous offrirai pour cela en toute humilité et dévotion de beaux sacrifices de louange. Je vous donnerai toujours bénédiction en publiant vos merveilles, et ma bouche et mon cœur seront en action perpétuelle pour penser à vous et chanter vos mérites.

Cet éminent esprit a la foi du charbonnier, une simplicité de cœur qui tient de l'enfant et se communique; elle se fait bien voir dans ce quatrain naïf, qu'il adresse aux Confrères dévots à Notre-Dame:

Quiconque prend plaisir à servir Notre-Dame,
Dire le chapelet souvent en son honneur,
La prier jour et nuit, l'invoquer de bon cœur,
Il peut bien s'assurer qu'il sauvera son âme.

L'*Héraclite* et le *Démocrite chrétiens* sont une critique du monde, aux deux points de vue contraires que personnifient ces sages de la Grèce. Pour l'*Héraclite,* qui parut en premier lieu, il n'y a sujet ici-bas que de déplaisirs, de tristesses et de larmes. Les sottises et les folies humaines ne sont à l'inverse, aux yeux de *Démocrite,* qu'un thème de rire et une moquerie à jet continu de la vanité du monde. Démocrite est figuré, dès la première page, par une image qui représente le gai philosophe, les bras étendus, la face épanouie par un rire inextinguible, ayant à ses pieds la boule terrestre, et autour de lui, à gauche, une ville en flammes, un champ de bataille où s'entr'égorgent des hommes ; à droite, un brillant palais, une ronde joyeuse de filles et de garçons, un couple fortuné, en train d'échanger à l'écart des serments éternels.

Et Pierre de Besse s'écrie :

Adieu les larmes et les pleurs ;
En dépit de tant de malheurs,
Je dirai, me gaussant des hommes,
Que tout n'est rien que vanité ;
Tout passe avec légèreté ;
Ce ne sont qu'ombres et fantômes.

Ha, ha, que de sottises, que de folies, que de vanité au monde ! Mais que de sujets d'en rire ! Il y a temps de rire, dit le Sage, et temps de fondre en larmes. L'*Héraclite* a eu son temps, et le cœur plein de douleurs et la poitrine de soupirs, la bouche de regrets et les yeux de larmes, a usé toute sa vie en déplaisirs, en ennuis et fâcheries. Le mien est venu maintenant ; il est temps pour moi de rire, et étant d'une humeur toute contraire et naturalisé d'une autre trempe, il faut que je rie, que je bouffonne, que je me moque de toutes choses.....

A ce propos, il se trouve écrit en l'Ecclésiastique, que la correction des pervers est extrêmement difficile et que le nombre des fols est infini au monde; c'est pourquoi, n'espérant pas beaucoup d'amendement et m'attendant bien d'être moqué, je me moque le premier d'eux, et m'adressant à des fols, je contrefais des premiers le folâtre; et décriant tout l'univers, je crie qu'il n'y a rien que folie dans ses terres : les hommes qui l'habitent sont fols, les choses qui s'y débitent ne sont que vanité, le temps qui les mesure n'est qu'un point, et n'y a rien de sage, puisque la plus haute sagesse du Monde, devant Dieu, n'est qu'une pure folie.

Le rire, comme on voit, de notre Démocrite limousin n'est pas celui d'un sot ni d'un fol.

Bien des mots d'une vive empreinte, des pensées originales, des comparaisons ingénieuses, dans l'ordre purement chrétien pourraient être recueillis dans l'œuvre de Besse; en voici quelques échantillons :

L'heure de la mort est incertaine; les maladies en sont les ajournements.

Il faut attacher au pied de la montagne l'âne de nos sens.

Le corps demi-glorieux (d'Adam), encore que tout nu et désarmé, était à l'épreuve de toutes les batteries extérieures.

Le souvenir de la mort est la mort des péchés.

L'homme est une créature la plus belle de toutes, et aussi la plus superbe; et, quand elle vient à ouvrir et étendre les ailes de ses vanités, elle se plait si fort au lustre de ses belles plumes qu'il ne se voit rien de plus orgueilleux au monde. Mais, s'il roule ses yeux en bas et regarde à ses pieds, à sa fin, à sa mort, et à l'horreur de ses cendres, je ne crois pas qu'il ne s'humilie.

La mort, ô dames, c'est la ruine de vos beautés, le butin de vos vanités, le congé de vos mondanités; c'est la conclusion de toutes vos folies.

Faisons bien en cette vie, car en l'autre il n'y a plus d'espérance, il n'y a plus de temps, plus de jours, plus de mois, plus d'années ; tout se mesure par une éternité sans mesure.

Considérez la grandeur de l'Océan, combien est vaste l'eau qu'il enclot dans ses flancs ; et imaginez-vous que, de mille en mille ans, une petite fourmi en boive une goutte. Si Dieu venait à dire aux damnés : prenez courage ; tout aussitôt que cette fourmi aura séché toute la mer, les liens de votre captivité seront rompus et vous sortirez de vos péchés ; je dis que ces malheureux en seraient tout consolés et vivraient en espérance, car, tôt ou tard, il y aurait une fin ; mais dire *éternellement*, c'est congédier toutes espérances.

Homme chrétien..., imite les petits coqs, lesquels, becquettant en terre, portant un œil en bas, ils ont l'autre toujours en l'air, pour faire la sentinelle et découvrir si l'aigle, ou autres oiseaux ennemis, ne sont pas en campagne.

L'orateur Cicéron disait autrefois en ses Offices, discourant de la vertu, que c'était une Dame qui portait tant d'honneur et de beauté sur le front que si elle pouvait être vue des yeux corporels, elle ravirait après soi tous les hommes ; et j'en dis tout autant de mon paradis, et de la béatitude, fille aînée des cieux : c'est une princesse si belle et accomplie de tant de perfections, que, si elle pouvait être seulement connue, je m'assure qu'elle emporterait et traînerait après soi tout le monde.

Les imaginations, exaltations et similitudes de Besse étaient parfois poussées si loin, que ses rencontres d'esprit en engendraient d'autres, en réponse, fort piquantes. Ainsi, dans sa *Pratique chrétienne*, il tient ce langage à un condamné que l'on conduit au dernier supplice :

Mon frère, il faut mourir allégrement et faire comme le cygne, je veux dire mourir en chantant ; ouvrez les yeux ; voyez comme tous les Saints vous tendent les bras ; tous courent au devant de vous, tous vous souhaitent ; le paradis est en triomphe pour recevoir votre âme ; faites donc que ces saintes et belles compagnies voient que vous ne les allez point voir à regret ; reprenez vos esprits. Quelle heureuse journée pour vous ! Un grand Capitaine, exhortant ses soldats en un jour de bataille, leur disait ainsi : compagnons, combattez vaillamment, car, ce soir, vous souperez dans l'autre monde et y ferez bonne chère. Mon ami, je vous fais la même exhortation, et vous dis encore mieux : combattez cette sorte de frayeur qui vous amuse, passez-lui sur le ventre, prenez congé joyeusement du monde ; vous souperez ce soir avec les Anges.

A quoi, s'il faut en croire le conte qui courut alors, le condamné, peu sensible à l'honneur qui lui était fait, répliqua (1) : — *Mon Père, si vous vouliez y aller tenir ma place, vous me feriez grand plaisir.*

V

Ces citations, pour la longueur desquelles je demande pardon au lecteur, mais dont je n'ai pas cru devoir être ménager, voulant le mettre à même de juger sur pièces, ces citations, dis-je, suffisent amplement pour ne pas permettre de confondre de Besse avec les méchants prédicateurs et écrivains de son temps, pour constater au contraire les progrès accomplis depuis les sermonnaires de Henri III et de Henri IV, et pour rattacher le principal du collège Saint-Michel à des temps meilleurs, à une prédication chrétienne qui s'épure, à des écoles d'un ordre plus relevé et confinant, sinon encore à l'éloquence sacrée du dix-septième siècle, du moins à celle qui s'en rapproche et la prépare.

Ses défauts oratoires et littéraires, quelque nombreux qu'ils soient, ne sauraient, en bonne justice, étouffer ses mérites ; il faut les juger, non par comparaison avec les génies qui suivirent, mais

---

(1) Michaud, *Mélanges historiques et philologiques*, tome I, p. 281.

dans leur rapport avec l'art de la prédication qui était en honneur avant de Besse, et dans le milieu où ils se sont produits. N'oublions pas que ses contemporains l'y excitaient et s'en régalaient ; que les dissonances et intempérances de langage qui nous offusquent étaient alors une condition de succès et de crédit. Les plus grands personnages et les plus cultivés ne s'en trouvaient nullement choqués, suivaient en cela le courant, encourageaient ces compositions prétentieuses et pédantesques, qui ont intéressé, instruit ou amusé toute une époque, et qui sont aujourd'hui tombées dans un si profond oubli. Le *Grand-Cyrus,* la *Clélie,* les interminables romans d'alors, avaient pour patrons le cardinal de la Valette, les Gondi, le cardinal de Richelieu. Les esprits les plus sévères sacrifiaient au bel esprit. On raconte que Bossuet, dans sa jeunesse, fit ses débuts de prédicateur à l'hôtel de Rambouillet, devant la fameuse Marquise ; les traditions littéraires de cette illustre maison se laissent voir dans plus d'un passage de ses premiers sermons. Il avait dépassé trente ans, lorsque dans son panégyrique de sainte Thérèse, prêché devant la reine Anne d'Autriche, il s'écria en un style *précieux,* dont son génie ne tarda pas à se défaire : « Que toute la vie du Sauveur était un festin dont tous les mets étaient des tourments. » Le célèbre Mascaron citait en chaire Mlle de Scudéry, comme il eut fait d'un Père de l'Eglise.

La tyrannie des mauvaises habitudes de langage dont Besse, toute sa vie, a porté le joug, persiste donc après lui, et se fait sentir jusque chez les meilleurs esprits. Camus se dégage du fatras de la scolastique, mais verse dans le joli, le maniéré et, tout volage qu'il soit, s'empètre plus que de raison dans les réseaux d'une érudition sans goût ni mesure. Saint François de Sales lui-même n'est pas exempt des défauts reprochés à Pierre de Besse, témoigne d'une complaisance excessive pour les développements oratoires, tout un échafaudage poétique et un appareil bizarre de comparaisons tiré de l'ordre des sciences, principalement de l'histoire naturelle. Seulement, ils sont moins nombreux, moins en vue, et se fondent dans la trame et l'élégant dessin du discours. Le naturel aimable de l'évêque de Genève, sa dextérité charmante, son incomparable onction, se montrent dans ses imperfections mêmes, les font oublier et ne laissent voir que les heureuses qualités. Dans ce cœur tendre et cet agréable esprit, les sources naissaient d'elles-mêmes et se pressaient, couraient dans tous les sens, s'entremêlant tantôt sur le sable le plus fin, tantôt sur des terres limoneuses, se jouant et rejaillissant en mille cascatelles d'allégories et de paraboles; si abondantes et si volumineuses qu'on pourrait certes, sans qu'il y parût, couper dans les domaines fleuris du saint plus d'une veine parasite et opérer d'utiles drainages, mais qui oserait y porter la main! Saint François de Sales, malgré ses incorrections et ce qu'il appelait ses *surcroissances* de discours, est resté dans les lettres chrétiennes, une lumière supérieure, une fleur d'un suave et incomparable éclat. Ce n'est pas un mince honneur de lui ressembler par quelques traits, si rares et si légers qu'ils soient. Or, Pierre de Besse, dans ses *épîtres et avis au lecteur,* par le tour de l'imagination, le don des comparaisons gracieuses, les côtés fertiles et originaux de sa nature, se rapproche, ce semble, à certaines heures, dans ses bons moments, de l'évêque de Genève; il lui ressemble surtout et de plus près par le sérieux de l'esprit chrétien, la sincérité de la dévotion, le goût des vertus et l'élan intérieur. Mais là se borne la comparaison; y insister, serait la fausser; ne lui donnons pas plus d'importance que ne le comportent, au point de vue de leur esprit si dissemblable, les nuances fugitives par où ils ont pu se rencontrer.

Nous voudrions ne rien forcer et proportionner équitablement au personnage qui fait l'objet de cette étude, les louanges qui conviennent; nous voudrions surtout, nous profane, ne rien dire qui pût paraître en un tel sujet, déplacé de notre part ou prétentieux. Mais il nous semble qu'on peut conclure de ce qui précède, que les ouvrages de Pierre de Besse ne méritent pas [le complet discrédit dont ils sont frappés; qu'ils contiennent de précieuses richesses pour les esprits tournés vers l'Église et les choses qui s'y enseignent; qu'une œuvre ainsi faite de piété, de foi profonde et de grande érudition se recommande non-seulement aux curieux de l'histoire religieuse, mais aux prêtres de tous les temps; qu'elle constitue à leur usage un véritable arsenal, où se trouvent entassées, pêle-mêle et sans ordre sans doute, mais dans une abondance profitable à l'étude, toutes sortes d'armes spirituelles, qui débarrassées de leur rouille, mises en un point convenable et appropriées au goût moderne, feraient, même de nos jours, bonne figure dans les controverses religieuses et les combats de la chaire.

Ce qu'il est juste de reconnaître, c'est que de Besse fut un des bons ouvriers de la première heure, avant le règne en France de la grande éloquence chrétienne, et que, par son savoir comme par ses sermons, par l'élévation de son intelligence, la ferveur de sa piété, la décence de son langage, le plein et entier développement de sa vie, sans interruption ni défaillance, dans le même sens et la même régularité morale, il apporta un concours précieux aux premiers fondements de la splendide chaire que le xviie siècle devait élever à la gloire de Dieu et à l'honneur de l'Église. Son nom peut être cité avec respect sur le seuil de l'âge d'or des Bossuet et des Bourdaloue.

Il ne fut pas seulement un homme de foi, de savoir et d'esprit; il brilla surtout par la noblesse des sentiments et la tendresse du cœur. Toute sa vie dépose en sa faveur. Elle est superbement écrite dans son testament. Son âme tout entière s'y montre à nu et y respire une âme élevée, clémente, miséricordieuse, zélée pour l'Église et pour les bonnes œuvres; qui sait où sont les misères et se consacre à les soulager ; qui distribue ses biens, une grande fortune édifiée sur le travail et la considération, aux malades, aux infirmes, aux prisonniers, aux pauvres, et laisse aux siens, sans en excepter ceux qui ne lui ont « jamais donné que des tourments et fasché toute sa vie, » d'éclatantes marques de sa bonté. Cela seul devrait préserver son nom du naufrage.

Dans notre pays surtout, et dans une Société (1) comme la nôtre, instituée pour mettre en lumière le passé, notre histoire locale, nos ancêtres illustres ou tout simplement utiles, il y aurait de l'ingratitude à oublier Pierre de Besse, qui n'oublia jamais le Limousin. Il eut, à un haut degré, l'amour de son berceau, le culte filial de sa patrie d'origine. Comme Baluze, qui ne sépara jamais son nom de celui de sa ville natale, *Baluzius Tutelensis,* il voulut unir son nom à celui de sa province, *Pierre de Besse, limosin.* S'il invoque parfois, au cours de ses ouvrages, le souvenir des humbles campagnes d'où il est sorti, et en prend prétexte pour s'excuser de ses imperfections de langage, de ses maladresses et gaucheries de pauvre rural, ce n'est point vanité de sa part ni

---

(1) *Société des Lettres, Sciences et Arts de la Corrèze.*

fausse modestie, mais pour faire honneur à son pays que la satire rabelaisienne n'a pas épargné, et fournir aux gens polis et de cour qui liront ses ouvrages, s'ils y font quelques rencontres d'esprit heureuses, l'occasion de dire : *Vive les Limosins!* Pierre de Besse mérite certainement, à ce titre, de tenir une place dans la lignée des hommes célèbres qui, à travers les âges, dans des conditions diverses, sous la pourpre pontificale comme les Roger de Beaufort, dans la science comme Baluze, dans les lettres comme Marmontel, dans les armes comme Brune et, plus près de nous, dans la chaire comme l'évêque Berteaud, ont aimé leur patrie limousine et travaillé, dans des sens et à des degrés divers, à son bon renom et à sa gloire.

Emile FAGE.

NOTICE BIOGRAPHIQUE

PIERRE DE BESSE

L'abbé Pierre de Besse, prédicateur du roi Louis XIII, fut, dans la première moitié du xviie siècle, l'un des membres les plus éminents du clergé français. Appelé à de hautes fonctions, il eut comme prédicateur une grande renommée, ainsi que le prouve M. Emile Fage dans sa remarquable étude littéraire. Les écrits du prêtre Limousin sont nombreux et inspirés par une foi vive. Presque oubliés aujourd'hui, ils ont été très appréciés et très recherchés à l'époque où ils ont paru. Leur grand mérite a été de rompre avec les usages d'alors, et d'être par le style et par l'élévation des idées une transition manifeste entre les sermonnaires souvent burlesques de la fin du xvie siècle et l'éloquence sacrée des Bourdaloue, des Bossuet et des Fénelon.

Tous les biographes (1) le font naître à ou près Rosiers-d'Egletons, en Limousin. J'ai démontré en 1873 l'erreur de cette assertion (2). Depuis lors, des documents nouveaux et surtout son testament du 20 mars 1638, que je dois à l'obligeance de M. A. Tardieu, le savant historiographe de l'Auvergne, ne laissent aucun doute sur le lieu de naissance de notre illustre compatriote. Ils établissent

---

(1) De Feller et Perennès, *Biographie universelle.* — **A.** du Boys et l'abbé Arbellot, *Biographie des hommes illustres du Limousin.*— Michaud, *Biographie.* — De Bergues-la-Garde, *Nobiliaire du Bas-Limousin*, Tulle, 1872, etc.

(2) Docteur Longy, *Notice sur l'Asile d'Aliénés de la Cellette.*

d'une manière évidente qu'il est né en 1567, au village de *Meymond*, commune de Laroche-près-Feyt, canton d'Eygurande.

Cette erreur paraît tenir à deux causes : Le château de *Maumont* (1), patrimoine des Roger de Beaufort, était alors célèbre, car au xive siècle il avait été le berceau de deux papes, Clément VI (1342-1352) et Grégoire XI (1370-1378). Le petit village de *Meymond* était au contraire complètement inconnu. L'un et l'autre étaient situés en Limousin ; aussi la consonnance des deux noms explique-t-elle la confusion qui a été commise.

Elle doit tenir encore à une similitude de noms. Il existait au xvie siècle, à Rosiers, une famille *de Besse*, qui autrefois s'était alliée aux Roger de Maumont. Un de ses membres, *Nicolas dè Besse*, fils de Jacques *de Besse* et de *Delphine* ou *Almodie Roger*, sœur du pape Clément VI, fut d'abord professeur de droit à Orléans, puis chanoine de Notre-Dame de Paris et archidiacre de Ponthieu. Elu évêque de Limoges en 1343, il ne fut pas sacré et ne prit pas possession de son siège. Le 27 février de l'année suivante, le souverain pontife, son oncle, le créa cardinal, avec le titre de Sainte-Marie *in vià lata*. Il souscrivit à la profession de foi que fit Jean VI Paléologue, empereur de Constantinople, après avoir renoncé à son schisme, et il mourut à Rome quelques mois plus tard, le 5 novembre 1369. Son corps fut transporté à Limoges et inhumé dans la chapelle Saint-Martial de l'église cathédrale, où l'on voyait son tombeau de marbre blanc en 1789 (2).

---

(1) Le château de Maumont, situé à deux kilomètres environ de Rosiers-d'Egletons, appartient aujourd'hui à la famille de Vaublanc.

(2) Bonaventure de Saint-Amable, t. III, p. 630.— *Rituel de Limoges*, catalogue des évêques. — Baluze, *Vie des Papes d'Avignon*, t. 1, p. 874. — A. du Boys et l'abbé Arbellot, *Biographie des hommes illustres du Limousin*. — *Histoire de l'Eglise gallicane*, livre xxxviii, année 1344. — Martinelli, pp. 152, 186.

Son nom était encore très connu, lorsque deux siècles plus tard Pierre de Besse arriva aux honneurs. Il dut paraître tout naturel de donner au prédicateur du roi, la famille du cardinal, son homonyme.

Comme les Roger de Beaufort ont été barons d'Herment de 1349 à 1408, j'ai recherché s'il y avait communauté d'origine ou quelques liens de parenté entre les deux familles *Besse*, de Meymond et de Rosiers. Je n'ai pu découvrir aucun document ; mais cette hypothèse ne me parait pas être probable. En effet, au xive siècle, les *de Besse*, de Rosiers, s'étaient alliés à la famille Roger ; si ceux *de Meymond avaient été leurs parents*, même éloignés, ils auraient certainement joué un rôle plus considérable. Le nom de *Besse* est du reste très commun dans le Limousin. En patois il signifie *Petit bois*.

La famille Besse, de Meymond, paraît être originaire d'Herment. En 1239, Jehan Besse figure au nombre des habitants de cette ville. En 1444, un de ses descendants, Jehan Besse, bourgeois d'Herment, épouse *Isabelle Arnauld,* fille d'Amblard Arnauld, bourgeois de la même ville, et ancêtre des *Arnauld de Port-Royal*; enfin en 1501 *Anthoine Besse* est chanoine du chapitre d'Herment.

A partir du xvie siècle, la famille Besse occupe un rang honorable dans la bourgeoisie du pays. Sa fortune est relativement considérable, car elle possède les terres de Meymond, du Laboureix, de Feyt, de Piche, des Combes, de Veyrières en Limousin, et celles de Laussepied, des Farges, de Laborderie et de Puyraynaud en Auvergne. Plusieurs de ses membres sont notaires royaux, tantôt à Meymond tantôt à Herment, où leur maison est située rue de la Fontaine, près du *Marchedial* (champ de foire).

Elle n'a du reste aucune prétention à la noblesse. C'est par pure courtoisie que l'aumônier du prince de Condé est d'abord appelé *de Besse*. Plus tard, en vertu de l'usage établi, il prend, il est vrai, la particule et ses ouvrages sont publiés sous le nom de *Pierre de Besse* ; mais son testament du 20 mars 1638 porte simplement la signature « *Pierre Besse, docteur à Paris* », et ses frères et ses neveux sont désignés par lui sous le nom de « *Besse* ».

D'ailleurs, à partir de la fin du moyen âge, la bonne bourgeoisie, par ses alliances et par sa fortune, se rapprochait assez de la noblesse. Elle occupait presque exclusivement les charges de notaires, baillis, châtelains, procureurs fiscaux, etc. Le bourgeois avait souvent un blason. Il était qualifié de *honorable homme, honnête homme,* sa femme, *honnête femme,* ses filles, *honnêtes filles.* Il devait foi et hommage pour les fiefs qu'il possédait, il en prenait presque toujours le nom, et à la troisième génération il était regardé comme gentilhomme.

Le blason des Besse de Meymond « *d'argent au chevron componé d'or et de gueules, accompagné de sept roses du dernier émail, une surmontant le chevron ; les six autres de chaque côté ; et en pointe un may de sinople* » ne remonte qu'au chanoine de Saint-Germain-l'Auxerrois, qui l'a transmis à sa famille. Il est gravé sur la plaque qu'en 1641 le chapitre fit ériger dans l'église d'Herment en l'honneur de son ancien doyen, mais il ne figure pas sur la porte principale de la maison paternelle d'Herment, qui est antérieure à la naissance du célèbre prédicateur.

C'est cette maison qui a fait croire à M. A. Tardieu que Pierre de Besse est né à Herment (1).

---

(1) A. Tardieu, *Histoire de la ville, du pays et de la baronnie d'Herment,* p. 209.

Je dois ajouter que, depuis, M. Tardieu a loyalement reconnu le mal fondé d'une opinion que les faits viennent détruire.

Jehan Besse, père de l'abbé, habitait Meymond lors de la naissance de son fils. Ce dernier fut baptisé dans l'église de *Laroche*, située alors à un kilomètre de Meymond, sur un monticule sauvage qui domine le confluent de la Ramade et de la Miouzette, au point où elles forment le Chavanon. Cette église, maintenant détruite, mais dont on aperçoit encore les vestiges, a été rebâtie en 1782 au village de Fressanges, chef-lieu actuel de la commune de Laroche-près-Feyt. Enfin Pierre de Besse a toujours revendiqué hautement le titre de *Limousin*.

S'il était né à Herment, qui possédait une belle église et un chapitre, on ne l'aurait certainement pas porté à huit ou neuf kilomètres pour le faire baptiser dans une pauvre petite église de campagne; et lui-même, étant né en Auvergne, n'aurait pas pu se dire limousin. Mais son testament est venu trancher toute difficulté; il y désigne la paroisse de *Laroche* comme la *paroisse de sa naissance;* or la terre de Meymond en dépendait, et elle en dépend encore aujourd'hui.

La filiation certaine de la famille Besse de Meymond commence avec le xvie siècle.

I

Honorable homme, Jehan Besse, né à Meymond en 1511, fut notaire royal à Herment de 1535 à 1555. A cette époque il se retira dans sa terre de Meymond, où il exerça de nouveau les fonctions de notaire, de 1571 à 1574. En 1592 il était procureur fiscal de la seigneurie de Chateauvert, en Marche.

Il avait épousé *Anna* ou *Estienna* Moulin, de Laqueuille (1). De cè mariage naquirent huit enfants :

A. — François Besse, époux de *Catherine Arnauld*, fille de Pierre Arnauld, dit *Joby*, bourgeois d'Herment.

Claude Besse, petit-fils de François, alla se fixer à Beauregard-l'Évêque, près de Pont-du-Château en Auvergne. Il y exerça les fonctions de notaire de 1708 à 1748. Cette branche est maintenant représentée par M. Gustave Lasteyras, de Lezoux.

Catherine Arnauld était la petite-nièce de *Henri Arnauld*, sieur de Lolières et aïeul du célèbre Antoine Arnauld de Port-Royal.

Henri Arnauld, né à Herment en 1460, fut en 1480 écuyer du duc Pierre de Bourbon et d'Auvergne, qui résidait à Riom avec sa femme, Anne de Beaujeu (2). Plus tard il devint écuyer du connétable Charles de Bourbon, gendre du duc Pierre de Bourbon; mais ayant perdu sa femme en 1519, il vint de nouveau se fixer en 1520 à Herment, où il exerçait les fonctions de notaire royal, de châtelain et de capitaine gouverneur du château.

Le 10 septembre 1523, le connétable de Bourbon, fugitif de son château de Chantelle en Bourbonnais, arrivait dans la soirée à Herment avec

---

(1) La famille Moulin vint plus tard se fixer à Latour d'Auvergne. Le dernier représentant de la branche aînée de cette famille a été mon parent, M. Gabriel Moulin, ancien procureur du roi à Thiers et ancien avocat général à la cour de Riom, membre et président du Conseil général du Puy-de-Dôme, membre de la Chambre des députés en 1845, directeur général des cultes en 1847, membre de l'Assemblée législative en 1849, arrêté au coup d'État du 2 décembre 1851, membre de l'Assemblée nationale en 1871, mort à Clermont-Ferrand le 24 avril 1873.

(2) Bayle, *Dictionnaire historique*.

quelques gentilshommes qui lui étaient restés fidèles. Les troupes du roi le suivaient de près. Henri Arnauld, qui était tout dévoué à son ancien maître, fit ferrer ses chevaux à rebours ; et pendant la nuit, le connétable quittant ses amis, qui allèrent le rejoindre quelques jours après, partit seul avec un gentilhomme Auvergnat, nommé Pompéran. Grâce à ce stratagème il put échapper aux soldats qui le poursuivaient. La maison d'Arnauld fut pillée par les émissaires de François Ier, ses biens furent confisqués, et lui-même fut condamné à mort par contumace le 13 août 1524, avec vingt partisans du connétable. Il obtint plus tard des lettres de grâce et il mourut en 1564 à l'âge de cent quatre ans (1).

B. — Jean Besse, mort à Herment en 1616, marié à Jeanne Arnauld, sœur de Catherine, et décédée en 1599 ;

C. — Etienne Besse, notaire royal à Meymond ;

D. — Pierre Besse, marié à Marie Gaignon, d'Herment ;

E. — Joseph Besse, mort à Herment en 1621, et marié à Catherine Arnauld, sœur des précédentes ;

F. — Antoine Besse, étudiant en 1691 à l'université de Toulouse ;

G. — Pierre Besse, prédicateur du roi Louis XIII ;

H. — Françoise Besse, épouse de Johannel Antoine, bourgeois d'Herment.

Jehan Besse vint passer les dernières années de sa vie dans sa maison d'Herment. Par acte du

---

(1) A. Tardieu, ap. cit. — *L'Ancien Bourbonnais*, t. II, p. 237.

11 mars 1591, passé devant Me Henri Rochefort, notaire royal, il partagea ses biens entre ses enfants (1).

Une part du lot attribué par indivis à *Antoine Besse,* alors étudiant en l'université de Toulouse, et à *Pierre Besse,* qui étudiait à Paris depuis huit ans, comprenait :

> « *1° La maison située en la ville d'Herment,*
> » *et au quartier du Marchedial, avec ses cham-*
> » *bres, caves, grenier, boutiques, basse-cour,*
> » *étable, joignant à l'étable de M. Anthoine Bau-*
> » *donnat d'une part; le jardin de Jehan Pellissier*
> » *d'autre, l'esglize d'Herment, la grand rue entre*
> » *deux, d'autre; et la grand rue de la Fontayne*
> » *d'autre part ;*
>
> » *2° Un grand pré appelé de la Montagnière*
> » *situé à Herment (1).* »

Il mourut en 1599 presque en même temps que sa femme. L'un et l'autre furent inhumés dans l'église collégiale.

II

ÉTIENNE BESSE, troisième fils de Jehan, fut notaire royal à Meymond de 1599 à 1604. Il épousa, le 27 mars 1588, *Catherine de Champeyre.* De ce mariage :

A. — JEHAN BESSE, qui suit;

---

(1) La minute de cet acte est conservée dans les archives de M. A. Tardieu.

(2) Cette prairie, qui est fort belle, fut vendue en 1729 par Mme Catherine Besse, épouse de Jacques Besse, garde du corps du roi, à M. Annet Peyronnet, bourgeois d'Herment. Elle appartient aujourd'hui à Mme Tardieu, née Peyronnet et mère de M. A. Tardieu.

B. — ETIENNE BESSE, sieur de Laussepied, marié à Paris à *Nicolle Syvet,* tailleur d'habits de la reine d'Angleterre et mort sans enfants à Laussepied en 1677 ;

C. — FRANÇOIS BESSE, sieur du Laboureix ;

D. — N....., religieux récollet ;

E. — FRANÇOISE BESSE, épouse de *Taravant,* de Laqueuille ;

F. — JEANNE BESSE, mariée à *Léger Veysset,* bourgeois de Laqueuille.

III

JEHAN BESSE, fils aîné d'*Etienne,* qualifié *noble Jehan de Besse,* sieur de Meymond, avocat au Parlement de Paris, en 1639, et exécuteur testamentaire de son oncle, épousa *Marguerite de Bonnet* et mourut en 1677. Il laissa :

A. — FRANÇOIS BESSE, qui suit ;

B. — CLAUDE BESSE, chanoine d'Herment (1671-1672), curé de Laroche en 1677 ;

C. — LOUISE BESSE, épouse de *Jean Johannel,* bourgeois d'Herment ;

D. — MARGUERITE BESSE, mariée à *Blaize Pitre.*

IV

FRANÇOIS BESSE, sieur de Meymond et de Feyt, mort en 1693, laissa quatre enfants :

A. — PIERRE BESSE, sieur de Meymond et de Veyrières, mort en 1740, sans postérité ;

B. — CLAUDE BESSE, qui suit ;

C. — LOUISE BESSE ;

D. — JEANNE BESSE.

V

Claude Besse, sieur de Meymond et de Feyt en 1749, épousa *Suzanne Laville de Rochefort*. Il eut trois enfants :

A. — Jacques Besse, qui suit ;

B. — Sébastienne Besse, mariée le 7 octobre 1764 à *Jean Vernédal*, chirurgien à Tremoulines, commune de Laroche-près-Feyt ;

C. — Françoise Besse, mariée en 1774 à *Jean Sertillanges*.

VI

Jacques Besse, sieur de Feyt, de Meymond, de Puyraynaud en 1780, avait épousé, en 1766, *Marie Vigier*, fille de Pierre Vigier, procureur d'office de Savennes. Il eut cinq enfants :

A. — Pierre Besse, qui suit ;

B. — Françoise Besse, épouse de *Léger Breton*, de Palisse-Haute ;

C. — Annet Besse, propriétaire à Meymac ;

D. — Marie Besse, femme de *Claude de Neufvis*, de Mérinchal (Marche) ;

E. — Marie Besse, mariée à *Louis Mandon*.

VII

Pierre Besse, sieur de Meymond, etc., époux de dame *Marie-Thérèze Sappin de Roussines*, a laissé :

A. — Jean-Baptiste-Henri Besse de Meymond ;

B. — Ligier-Augustin Besse de Meymond ;

C. — Marie-Anne-Joséphine Besse de Meymond,

mariée à *M. Boy-Lacombe de Lamazière*, décédée ainsi que son mari, et représentée aujourd'hui par son arrière petit-fils, *M. Henri-Joseph-Alexandre Vernédal*, et par sa petite-fille, *M*me *Paul Juillerat*.

Cette généalogie ne peut laisser aucun doute sur la famille de Pierre de Besse. Il résulte de tous les documents qu'il naquit à *Meymond* en 1567 et qu'il fut baptisé dans son église paroissiale de *Laroche*. Il passa sa première enfance auprès de ses parents ; mais tout jeune encore il alla commencer ses études à Herment, où sa famille possédait une maison et où le chapitre avait fondé depuis le 15 janvier 1451 une école de *grammaire et de chant*.

Herment, aujourd'hui chef-lieu de canton du Puy-de-Dôme, avec 500 habitants environ, était autrefois une ville fortifiée avec château fort et remparts. Sa population variait alors entre 1,200 et 2,000 âmes. Elle avait sa municipalité et ses consuls. Un arrêt du conseil d'Etat du 28 novembre 1588 l'avait mise au nombre des dix-neuf bonnes villes de la basse Auvergne (1). Son chapitre collégial se composait de quatorze prêtres, et sa belle église, bâtie à la fin du xiie siècle par Robert III, comte d'Auvergne, est actuellement classée parmi les monuments historiques. Les riches familles nobles ou bourgeoises des environs y possédaient presque toutes une maison, où elles se retiraient souvent pendant l'hiver et surtout en temps de guerre.

Les progrès de Pierre de Besse furent tels, sa conduite était si régulière, son intelligence si élevée, que ses parents, fondant sur lui les espérances

---

(1) Bergier, *Recherches sur les Etats généraux*.

qu'il réalisa plus tard et reconnaissant une vocation spéciale, le destinèrent à l'état ecclésiastique et voulurent lui donner une instruction sérieuse et une brillante éducation. Leur fortune était relativement considérable, mais leurs enfants étaient nombreux et, par suite, les charges de famille étaient lourdes.

Dans ces conditions ils sollicitèrent et obtinrent, probablement par l'influence de leur parent et compatriote *Antoine Arnauld,* alors contrôleur général des requêtes du Parlement de Paris et auditeur de la Chambre des Comptes, une place d'élève boursier au collège de Saint-Michel. En 1583, à l'âge de seize ans, le jeune élève quitta son pays natal et il alla à Paris continuer ses études dans le collège dont il devait devenir plus tard le principal.

Sa bonne conduite et ses progrès le firent là encore remarquer entre tous et lui attirèrent l'affectueuse sympathie de Philibert de Pompadour. Sa vocation religieuse s'était affermie, et il était entré dans les ordres, lorsqu'au bout de huit ans (1591), il vint passer quelques mois dans sa famille. Son père, alors âgé de quatre-vingts ans, profita de sa présence pour faire le partage de ses biens. C'est pendant ce séjour à Herment qu'il fut nommé chanoine du chapitre, sur la résignation de noble *Raymond de Plantadis* et que, suivant une clause de la charte de fondation de 1232, il paya une somme de 216 livres tournois pour son droit d'admission.

Il revint bientôt à Paris, où il entra comme précepteur dans la maison de M. de Heere, conseiller en la grande Chambre du Parlement de Paris. Cette seconde absence du pays natal dura environ dix ans. C'est dans cet intervalle, sans qu'il soit possible de préciser l'année, qu'il obtint le titre de docteur en théologie. C'est aussi dans cette période qu'il commença à composer et à prêcher ses sermons.

Au commencement de l'année 1601, le chapitre de Clermont le nomma doyen du chapitre d'Herment. Il prit possession de son siège le 27 février de la même année. Conformément au droit établi il alla quelques jours après prêter serment au chapitre de Clermont et lui offrir une chape de soie richement brodée du prix de 120 livres tournois.

Il s'installa alors dans la maison paternelle, qui lui avait été léguée par acte du 11 mars 1591. Cette maison existe toujours. Elle est située au-dessous du chevet de l'église, à l'angle de la grand'rue et de la rue de la Fontaine. Elle conserve son cachet d'antiquité avec son pavillon, ses vieilles boiseries, ses placards incrustés dans les murs, ses plafonds à poutrelles et ses ouvertures donnant sur une cour intérieure. Elle est aujourd'hui possédée et habitée par le sieur Simon, boucher à Herment.

Son revenu comme doyen était de deux prébendes. En 1601 il consistait en 27 sétiers tiercés de seigle, 7 livres d'argent, 14 poules et la moitié des lods et rentes. Le setier d'Herment (160 litres) valait alors 7 livres 13 sols.

Son décannat ne fut signalé par aucun acte important. Il faisait du reste de nombreuses absences pour se livrer à la prédication. Ainsi nous le voyons en 1602 prêchant à Saint-Séverin de Paris et, en 1604, publiant ses premiers sermons, qui eurent un succès considérable.

L'église collégiale d'Herment avait besoin de réparations urgentes. Le chapitre avait déjà emprunté 600 livres tournois (3,080 fr. d'aujourd'hui), pour la refonte des trois cloches brisées par les Huguenots et pour l'achat de calices et ornements religieux enlevés lors des sièges de la ville en 1588, 1592 et 1597. Toutes ses ressources étaient épuisées. Dans ces conditions il aliéna en 1604 à son doyen, moyennant 260 livres tournois, la rente qu'il possédait sur le village des *Poulx*, paroisse de *Verneugheol*. Cette rente avait été cédée au chapitre en 1397 par *honorable homme, cler Berthome*, dit *Lambar* et par *Guillaumette Porcianne*, sa femme.

Pendant les quelques mois qu'il passait chaque année à Herment, Pierre de Besse avait de nombreuses et excellentes relations avec les cordeliers de La Cellette; surtout avec le père Oseri, homme d'un grand mérite, qui fut pendant longtemps le gardien du monastère (1). Ces relations se continuèrent jusqu'à la fin de sa vie, car en mourant il légua aux religieux de La Cellette la moitié de sa bibliothèque, et pendant son séjour à Paris il avait fait plusieurs dons à leur chapelle. Entre autres, un tableau du Guide (Guido Reni) représentant sainte Radegonde, reine de France. Ce tableau fut acheté et transporté en 1802 avec le maître autel du monastère dans l'église d'Herment, où il est actuellement conservé.

M. A. Tardieu en donne la description suivante :

« Il existe donc dans l'église d'Herment une magnifique toile due au Guide et représentant cette grande sainte Radegonde, reine de France, belle-fille de Clovis et de Clotilde, morte en 587, enterrée à Poitiers et dont le précieux tombeau est conservé dans l'église, où il est l'objet d'un célèbre pèlerinage.

» Sainte Radegonde, qui figure sur le tableau de l'église d'Herment, est représentée assise, tenant une palme de la main droite et portant la main gauche sur son cœur. Elle foule à ses pieds l'or, l'amour; l'arc de ce dernier est brisé et se trouve au devant de sa tête. La couronne royale

---

(1) Fodéré, *Narration historique et topographique des couvents de l'ordre de Saint-François et des monastères de Sainte-Claire, érigés en la province de Bourgogne*, Lyon, 1619, in-4°.

est aussi sur le sol, renversée à côté de riches parures. Tout cela fait allusion au passage de la vie de l'épouse du roi Clotaire, qui préféra le cloître (à Poitiers) et l'amour de Dieu aux grandeurs, à la royauté même.

« La sainte est vêtue d'une robe blanche. Elle porte une espèce d'écharpe jetée habilement sur les épaules, et, sur les genoux un manteau bleu de ciel, orné d'un gros rubis. Sa chevelure est blonde, ornée de perles. La figure, angélique, merveilleuse, d'une beauté incomparable, aux yeux bleus, tendres et inspirés, est posée des trois quarts. Rien ne peut exprimer les sentiments que cette tête splendide laisse dans l'âme !...

» Le coloris du corps est frais. Le dessin est d'une correction, d'une légèreté de touche et d'une riche composition comme en savait si bien faire le Guide. Les mains, les pieds surtout (Ceux-ci nus) de vrais chefs-d'œuvre, sont dignes du maître » (1).

En 1603 Pierre de Besse fut nommé prédicateur et aumônier de Henri II, prince de Condé, et en 1605 il donna sa démission de doyen du chapitre d'Herment pour aller occuper la cure de Colombes, près Paris, dont il conserva le titre jusqu'en 1618. Dès lors, il se consacra entièrement à la prédication. Les principales églises de Paris et de la province entendirent tour à tour sa parole chaleureuse et pleine de foi.

D'après un quatrain qui lui fut adressé en 1625, et qui se trouve dans ses ouvrages imprimés, il s'était surtout fait remarquer à Paris, à Limoges, à Riom, à Beauvais et à Constance (Suisse).

En 1611 il fut élevé à la dignité de conseiller et

---

(1) L'église de Pontgibaud (Puy-de-Dôme) possède deux toiles du Guide : *l'Adoration des Mages* et *l'Adoration des bergers,* qui ont une grande valeur.

de prédicateur ordinaire du roi. En 1614 il est principal du collège Saint-Michel. Ce collège situé dans la rue de Bièvre avait été fondé un peu avant 1348 par Guillaume de Chanac, évêque de Paris et patriarche d'Alexandrie, qui appartenait à une noble famille d'Allassac, en Limousin. Il porta d'abord le nom de son fondateur, puis celui de Pompadour et enfin celui de Saint-Michel. Son principal devait être Limousin ; il était nommé par le seigneur de Pompadour.

Sa réputation de prédicateur et d'érudit avait atteint son apogée, lorsqu'en 1618 il fut élu chantre et chanoine de Saint-Germain-l'Auxerrois de Paris. Il donna alors sa démission de curé de Colombes. Malheureusement les archives de Saint-Germain ont été pillées en 1793 ; ce qui en restait, a été saccagé le 14 février 1831, il est donc impossible d'avoir des renseignements sur le canonicat de Pierre de Besse, qui devient syndic de la Faculté de théologie de Paris en 1624.

C'est à l'époque de sa nomination au canonicat de Saint-Germain, il avait alors cinquante-un ans, qu'il fit faire son portrait par Léonard Gaultier, le célèbre graveur du roi. Sous la gravure est inscrit le quatrain suivant :

> Si le burin eust peu, en gravant ce visage
> Représenter au vray l'ame de ses escrits ;
> Tout le monde diroit admirant cet ouvrage
> Heureux le Limosin qui a de tels esprits.
>
> L. Gaultier, incidit (1).

Malgré une santé assez délicate, car il fut atteint plusieurs fois de maladies longues et douloureuses, Pierre de Besse conserva jusqu'à la mort ses nom-

---

(1) L'original de ce portrait est conservé dans le musée de M. A. Tardieu. Il a été gravé de nouveau par Audran, mais beaucoup moins bien.

breuses et importantes fonctions. Animé d'un zèle ardent, il les remplit avec le cœur et la haute intelligence qui le caractérisaient.

Arrivé au terme de sa carrière, il avait été le contemporain et souvent le témoin des principaux évènements de cette époque agitée. Pendant son enfance, la Saint-Barthelemy était venue répandre une large tache de sang sur l'histoire de France. Il avait vu les luttes de la Ligue, les deux sièges de Paris, l'assassinat d'Henri III. Il avait pleuré sur sa ville d'Herment, qui, dans l'espace de neuf ans (1588-1597) avait été pillée et saccagée trois fois, tantôt par les Huguenots, tantôt par les Ligueurs. Son cœur de prêtre catholique et de Français s'était réjoui de l'abjuration de Henri IV et de la pacification de sa patrie. Curé de Colombes et aumônier du prince de Condé, il avait fait partie du cortège qui accompagnait à sa dernière demeure un de nos plus grands rois. Il avait vu naître le grand Condé, il avait peut-être contribué à son éducation. Il avait imploré, mais en vain, la clémence du roi pour l'infortuné duc de Montmorency. Du haut de la chaire, dans la chapelle du Louvre, à Saint-Germain-l'Auxerrois et dans les principales églises de France, il avait fait entendre la parole de Dieu devant les personnages les plus illustres.

Au milieu de ces souvenirs, il se rappelait sa terre de Meymond et les bords du Chavanon, où il avait passé son enfance, sa ville d'Herment et la vieille maison paternelle, la petite église de Laroche, sa famille, ses amis. Il aurait voulu les revoir une dernière fois ; mais il était maladif, le voyage était long et pénible, il dut y renoncer.

Sa fortune était considérable ; il avait déjà disposé d'une partie en faveur de ses frères et de ses neveux. Le 3 août 1636, il écrivit ses dernières dispositions dans son *estude du collége Saint-Mi-*

chel, et le 20 mars 1638 il les compléta par un codicille.

Ce testament dénote chez son auteur la foi la plus vive et les plus nobles qualités du cœur. Il recommande *sa pauvre âme à Dieu,* il exprime le désir d'être inhumé dans l'église de Saint-Germain-l'Auxerrois, *au milieu de la nef et tout devant la chaire,* où il a eu l'honneur de prêcher, et il règle le cérémonial de son enterrement.

Il fait ensuite des legs à son église de *Saint-Germain-l'Auxerrois,* à celle de *Colombes,* dont il a été longtemps curé, au chapitre d'*Herment,* dont il a été le doyen, à l'église de *Laroche* (1), où il a été baptisé, à l'hôpital *Saint-Germain-des-Prés,* à l'*Hôtel-Dieu,* à l'hôpital de la *Charité,* aux *enfants* et *aux femmes infirmes,* à la *Faculté de théologie* de Paris, aux *pauvres prisonniers,* pour lesquels il a déjà composé un de ses meilleurs ouvrages ; mais en les priant tous de prier pour lui et pour les siens.

Il distribue ensuite une grande partie de sa fortune entre tous ses proches parents. Ceux même qui lui ont donné des sujets de mécontentement ont part à ses libéralités. Il assure le sort de ses serviteurs et il laisse des souvenirs à ses filleuls et à quelques amis intimes.

Enfin il donne à la ville d'Herment un capital de 3,600 livres ou une rente de 200 livres pour fonder une *école gratuite.*

L'école fut fondée en 1641. Le premier maître élu fut *Pierre Pighon,* bachelier en théologie, ancien régent et principal du collège de Clermont.

---

(1) Par acte du 24 avril 1646, reçu par Mᵉ Itoas, notaire royal, Jean Besse, de Meymond, avocat au Parlement, et François Besse, sieur de Labourcix, son frère, exécuteurs testamentaires de leur oncle, constituèrent aux Cordeliers de la Cellette une rente annuelle et perpétuelle de *douze* livres, pour célébrer dans l'église de *Laroche* les offices religieux mentionnés dans le testament.

En 1654, cette école était dirigée par *Annet Gabat*. La ville d'Herment avait affermé à cette époque, moyennant 12 livres tournois, une maison d'école qui existe encore et porte toujours le nom de *maison Gabat*. Jusqu'en 1790, chaque habitant d'Herment et les parents du fondateur, portant son nom, avaient le droit d'envoyer gratuitement un enfant à l'école. Depuis 1790, le nombre des élèves gratuits a été réduit à douze.

Comme la ville d'Herment n'avait pas, selon la volonté du testateur, trouvé à acquérir moyennant 3,600 livres une *maison* et une petite *mestairie* pour l'instituteur, la famille Besse de Meymond a payé la rente de 200 livres jusqu'en 1757. A cette époque, Claude Besse de Meymond acheta et donna à la ville, pour se libérer de 100 livres de rente, une prairie située au-dessous du champ de foire et appelée actuellement, *Pré de la Rente*. Les autres 100 fr. sont encore payés chaque année par M. Henri Besse de Meymond.

Pierre de Besse mourut à Paris, dans son appartement du collège Saint-Michel, le 11 novembre 1639, et suivant son désir il fut enterré devant la chaire de l'église de Saint-Germain-l'Auxerrois.

En 1640, le chapitre fit placer au-dessus de sa tombe, au deuxième pilier de la nef, en face de la chaire, une épitaphe gravée sur cuivre, qui existait encore en 1871 dans les archives de l'Hôtel-de-ville de Paris. Elle était ainsi conçue :

CY DEVANT GIST VÉNÉRABLE ET DISCRETTE PERSONNE, MAISTRE PIERRE DE BESSE, VIVANT PRESTRE, DOCTEUR EN LA FACULTÉ, DE L'ESGLIZE DE CÉANS, QUI EST DÉCÉDÉ LE DIT NOVEMBRE MDCXXXIX, LEQUEL A FONDÉ AU CHAPITRE DE LADITE ESGLIZE UN OBIT COMPLET DE TROIS HAUTES MESSES ET VIGILE LE SOIR AUPARAVANT, ET APRÈS LA DERNIÈRE MESSE LE libera miserere ET de profundis SUR LA FOSSE : AUSSITÔT QUE LADITE MESSE

SERA DITE ET CÉLÉBRÉE; ET IL A DONNÉ ET LÉGUÉ AUDIT
CHAPITRE LA SOMME DE DOUZE CENTS LIVRES TOURNOIS POUR
UNE FOIS PAYÉE, PAR SON TESTAMENT OLOGRAPHE DONT A ÉTÉ
FAICT DÉLIVRANCE AUDIT CHAPITRE PAR LES EXÉCUTEURS DE
SON TESTAMENT PAR CONTRACT PASSÉ PAR DEVANT MAISTRES
RENÉ COMTESSE ET CLAUDE PLASTRIER, NOTAIRES AU CHATE-
LET DE PARIS LE XXVI JUIN MDCXL.
DIEU AIT MERCY DE SON AME.

Vers la même époque, les chanoines d'Herment
firent exécuter la boiserie du chœur de l'église,
et, pour témoigner leur reconnaissance, ils y pla-
cèrent une plaque en bronze portant l'inscription
suivante :

CE PRÉSANT CŒUR A ESTÉ REMIS, PAR FEU MAISTRE
PIERRE DE BESSE, DOCTEUR EN SORBONNE, PRÉDICATEUR
DU ROY, CHANTRE ET CHANOINE DE LESGLIZE ROYALE DE
SAINCT GERMAIN DE LAUXERROIS, A LA DILIGENCE
DE Mr JEAN BESSE, SIEUR DE MEYMOND SON NEP-
VEU; IL A FONDÉ UNE RÉGENCE EN CETTE VILLE ET
REMIS A MESSIEURS DU CHAPITTRE, LA RANTE DES
POULS; IL MOURUT A PARIS LE XI NOVEMBRE mil
six cents XXXIX. LE SOIXANTE DOUZIESME DE SON
ÊAGE, ET FUT ENSEVELI EN LA SUSDICTE ESGLIZE AU
MILIEU DE LA NÉF AU DEVANT DE LA CHAIRE DU PRÉ-
DICATEUR. DIEU FASSE MERCI A SON AME.

Cette plaque, qui porte les armoiries du chanoine de Saint-Germain, fut enlevée de l'église
en 1793 et remise en 1820 par M. Battut, curé
d'Herment, à M. Besse de Meymond. Elle est
pieusement conservée dans la famille, ainsi qu'un
beau christ en ivoire, cadeau du roi Louis XIII
à son prédicateur.

Docteur LONGY.

TESTAMENT DE PIERRE DE BESSE

In nomine Patris et Filii et Spiritus Sancti, Amen. (1)

Je Pierre de Besse, prestre, docteur en théologie de la faculté de Paris, prédicateur ordinaire du roy et de Monseigneur le prince de Condé, chantre et chanoine de l'eglize royalle de Saint-Germain de l'Auxerrois, et principal du collège de Saint-Michel, en la même ville de Paris, y demeurant. Considérant qu'il faut une fois mourir, et qu'il n'y rien plus certain que la mort et rien plus incertain que son heure et ne dézirant point partir de ce monde intestat et sans dispozer de ce qu'il a pleu à Dieu me donner, foit et ordonne mon testament en la façon et manière qui s'ensuit :

Premièrement. Je recommande ma pauvre ame à Dieu, le créateur tout puissant, à la glorieuze Vierge Marye, à Monseigneur saint Pierre, mon patron, à Monsieur saint Joseph, à quoy j'ais toujours heut une dévotion particuliére et tous saincts et sainctes du Paradis, et singulièrement à mon bon ange ; et pour mon chétif et mizérable corps après que l'ame en sera séparée veut qu'il soit enterré en l'eglize de Saint-Germain de l'Auxerrois, attendu que j'en suis chantre et chanoine, et ce au milieu de la nef et tout devant la *chère* que j'ay eu l'honneur de prescher et affin qu'on le permette je donne à l'heuvre et fabrique de ladite eglize la somme de cent livres une fois payée.

Item. Je veux et entens que au jour de mon décez, convois et

-----

(1) Reproduction textuelle d'une expédition authentique du testament de Pierre de Besse délivrée en 1674 à M. François Bessière, consul d'Herment, à cause du legs fait à la ville pour la fondation d'une école gratuite. Cet acte est actuellement dans la collection de M. A. Tardieu, à Herment.

enterrement soit pris et invités tous messieurs nos maitres les docteurs et bachelierz en la faculté de théologie, et que, à chascun d'iceux soit distribué dessus la fosse un quart d'écu valant à présent vingt sol et demi, aux bachelierz comme aux autres. Tout le chœur et paroisse de Saint-Germain ensemble; les quatre mendiants, les enfants rouges, ceux du Saint-Esprit et de la Trinité et les pauvres capettes avec leurs enfants infirmes et qu'il leur soit donné ce que l'on a coustume de leur bailler; et pour le regard du luminaire, je m'en remets à la prudence et discrétion des exécuteurs de mon testament.

Item. Je veux qu'il soit chanté un service complet de trois messes hautes avec Vigille le jour de mon enterrement, en la même églize de Saint-Germain et un autre tous de mesme, au bout de l'an et que tous les prestres de la paroisse avec le chœur y soient appellés.

Item. Je veux que tous les jours, un an durant depuis le jour de mon déceds et enterrement jusques au bout et à la fin dudit an soit chanté et cellebré une messe au plus proche hostel de ma sépulture et que le prestre qui la dira tous les jours à la fin de ladite messe, qui sera toujours de *requiem profondis*, ira jetter de l'eau bénite sur ma fosse en récitant le psaume *miserere* et *de profondis* avec les oraisons, *Deus qui inter apostolicos sacerdotes* et *Deus venia Largitor et fidelium Deus conditor*, et pour ce foire je donne deux cents livres et vingt livres pour fournir deux cierges tous les jours à ladite messe.

Item. Je veux et entends que immédiatement après mon déceds soit chanté et cellebré et trois jours consécutifs trois services complets avec vigille et recommandation le jour et veille auparavant un chacun desdits jours en l'églize et paroisse de Coulombes (Colombes) de laquelle j'ay esté autrefois curé, à chacun desquels services six torches de livre et demi de cire chascune; et pour ce foire déloisse à l'œuvre de ladite esglize la somme de cent livres, à la charge de fournir par vingt et un cierge blanc pour l'offrande.

Et pour le bien qu'il a pleu au bon Dieu me donner, j'en dispose ainsi : c'est assavoir touchant les biens qui me sont advenus tant de la succession paternelle que maternelle et dont je n'ay jamais jouy, veux et entens que la donation que j'ay

cy-devant faicte à *Jean, Gabriël* et *Durand Besse,* mes nepveux, qui emporte plus de la moytié de ladite succession,
tienne de sorte son effet, laquelle j'approuve pour cela et ratifie
en temps que de besoin seroit; et pour le regard du reste de la
succession consistant en une obligation de 1,700 livres à moy
deus par feu Mrs *François, Jean* et *Estienne Besse,* mes frères,
je la donne, entièrement, à leurs enfants et héritiers, assavoir
feu *Gaspard* ou ses enfants, *Pierre* et un *Jean Besse* l'advocat,
sans que mes autres nepveux y puissent rien prétendre ny les
en inquiéter, soit au principal ou intérêt, lesquels je récompense
d'ailleurs et leur fois plus de bien de mes acquisitions, qu'ils
n'en sauront ou pourront espérer pour leur part et portion de
toute ladite succession.

Item. Quant est de mes acquisitions, j'ay ordonné ainsi :
Premièrement je donne aux pauvres enfants infirmes la
somme de quatre cents livres une fois payée pour estre également
ment distribuée à tous les hospitaux desdits enfants.

Item. Je donne aux pauvres prizonniers, grand et petit
Chatellet, la Conciergerie, fort l'Evêque et officialité, la somme
de six cents livres pour estre distribuée plus ou moins selon
la nécessité des lieux et quantité des pauvres prizonniers à la
prudence et discrétion de mes héritiers.

Item. Je donne à l'Hôtel-Dieu de Paris la somme de trois
cents livres.

Item. Je donne aux pauvres femmes infirmes à l'hospital de
Saint-Germain-des-Prés, dit les petites maisons, à chacune cinq
sols, et veut que cela leur soit distribué incontinent après mon
décès, à la charge de prier Dieu pour moi, à la charge de dire
leur chapellet ou vigille des morts, pendant qu'on dira la
messe en la chapelle dudit hospital, messe de requiem et vigille, et recommandation le soir auparavant, où elles assisteront
toutes; et pour faire chanter et dire ladite messe, je donne
trente livres.

Item. Je donne à l'hospital de la Charité de Saint-Germain-
des-Prés, la somme de cent cinquante livres, à la charge de
faire chanter et célébrer une messe avec vigilles auparavant,
sitôt que ladite somme aura esté receue.

Item. Je donne aux quatre mendiants de cette ville de Paris, la somme de quatre cens livres, qui est à chacun cent livres à la charge de dire chascun un service et trois autres messes avec vigilles auparavant et incontinent après que ladite somme leur aura esté délivrée.

Item. Je donne au chapitre de Saint-Germain de l'Auxerrois où j'ay l'honneur d'estre chantre et chanoine la somme de douze cens livres, pour être mise en rente, à la charge de faire chanter et cellébrer à perpétuité un service complet de trois autres messes et vigilles le soir auparavant et après la dernière messe : *libera, mizerere* et *de profondis* en musique et distribution d'un sol à tous les assistants sur la fosse, après que la dite messe sera dite, et ce le premier jour d'aoust, une des festes de mon glorieux patron saint Pierre.

Item. Je donne à l'églize de Coulombes, de laquelle j'ay esté longtemps curé, la somme de quatre cens livres pour estre mize en rante au profit de ladite églize à la charge de foire chanter et cellébrer à perpétuité un service complet de trois autres messes vigiles et recommandation le soir auparavant pour le salut de mon âme et de celle de tous mes parents et amis trépassés; et ce le premier jour d'octobre, et qu'au curé y assistant soit baillé six livres, à son vicaire trente sols et à chascun des chapiers et mestre d'escolle y étant présent la somme de seize sols.

Item. Je donne à la chapelle de *Corbeyre* (1), annexe dudit *Colombes*, la somme de cent livres, pour estre mize en rente à la charge aussy de chanter et cellébrer à perpetuité pour le salut de mon ame et celle de tous mes parents et amis trépassès une autre messe de *requiem*, aux vigiles trois psaumes de trois leçons, le quatrième jour d'octobre, et qu'au chapelain qui la dira sera baillé trente-deux sols.

Item. Je donne à l'églize et chapitre de Notre-Dame d'Hermont, de laquelle j'ay esté chanoine et doyen, *lieu de sépulture de mes père et mère et quelques frères et autres parents*, la somme de six cens livres pour foiré foire un chœur de menui-

---

(1) Courbevoie ?

zerie en ladite églize avec figures et de la meilheure et plus belle façon que foire se pourra sellon le prix de ladite somme, pour l'honneur de Dieu et dévotion de ladite églize, et veut que l'argent soit mis entre les mains de mon nepveu l'advocat, et que tout s'en fasse selon son advis et concert, auquel je donne charge de tout cella et luy en laisse entièrement l'exécution et la conduite.

Item. Je donne à la même églize et chapitre et lui remet entièrement la rente du village des *Poulx* que j'ay tenu et jouy cy-devant par engagement dudit chapitre, et veus et entend qu'elle leur soit rendue sans déboursés ou aulcune chose, sinon qu'ils seront tenus et obligés de faire chanter et cellébrer tous les ans, à perpétuité une messe haulte de *requiem* avec vigilles, antiennes auparavant, le jour de la Saint-Eloy, et ce pour le salut de mon ame et celle de tous mes amis trépassés.

Item. Je donne et déloisse à l'églize et paroisse de *La Roche* en Limozin, en laquelle *j'ay esté baptizé* la somme de cinq cens livres; assavoir une partie pour estre employée en réparations nécessoires et pour avoir des ornemens à foire le divin service, l'autre pour avoir quelque petit fonds mis en rente au profit de ladite esglize, à la charge de faire chanter et célébrer, tous les ans, à perpétuité, un service complet avec trois autres messes en icelle avec vigiles auparavant, le jour de Saint-Pierre-aux-liens, qui est le premier jour d'aoust, et le tout à la volonté concert et disposition de mon dit nepveu l'advocat, à qui j'ai laissé la charge et conduite, pour le salut de mon âme, celle de tous mes parents et amis, desquels la plupart sont enterrés dans ladite esglize.

Item. Je donne à la faculté de théologie de Paris, en laquelle j'ay l'honneur d'estre passé docteur, la somme de neuf cens livres, pour faire cinquante livres de rante, à la charge d'une pareille et toute semblable fondation de messe tous les ans à perpétuité, à celle que fit Monsieur *Peschaut,* doyen de la faculté et originaire de notre pays de Limozin, et veux que ladite messe soit ditte en la maison de Sorbonne.

Et pour le regard de mes nepveux et héritiers, encore que j'ay foit à tous, à leurs pères plusieurs et grands biens, soit en mariant leurs sœurs, soit en donnant des bénéfices aux aultres ou foisant apprendre des métiers aux autres, soit en plusieurs autres façons et manières, néanlmoins pour les obliger encore davantage à prier Dieu pour moi, je leur donne de plus ce qui en suit :

Premièrement je confirme approuve et ratifie, en temps que besoin seroit, la donation par moy cy devant foite à mes nepveus M. *Jean Besse*, advocat, et son frère *François Besse* et mon petit-nepveu *François Besse*, fils de feu M. *Gaspard* mon nepveu, de tous les cens, rentes et autres droits seigneuriaux que j'ay acquis dans le pays tant de monseigneur le duc de Ventadour, Monsieur de Gombeix et de Bigoulette et Delmas, et veux et entends qu'ils en jouissent paisiblement.

Item. Je donne aux enfants males de feu mon nepveu, M. *Gaspard Besse*, fils unique de feu M. *François Besse* mon frère ainé, encore que je lui ay foit beaucoup de bien durant sa vie, comme de l'avoir entretenu longuement auprès de moi en cette ville, lui avoir donné une chanoinie d'Herment, de laquelle il a tiré récompense, lui avoir donné la somme de cinq cens livres argent comptant, peu de temps avant son décès, pour oider à marier sa fille en la ville de *Croc,* et l'avoir laissé jouir de tout mon patrimoine pour un tiers, et lui avoir donné le principal et l'usufruit, depuis *la mort de mon père, il y a plus de trente sept ans,* et de plus, depuis son décès avoir fourni la somme de *deux mille sept cent livres* pour acquitter les dettes qu'il avoit loissé, néanlmoins pour donner plus de subjet à ses enfans de prier Dieu pour moy, j'ai donné et ratifié à *François Besse*, son fils ainé et mon petit neveu les deux villages des *Alliers* et *Jarrasses*, que j'ai achetés de Monsieur de Gombeix, et de plus veus et entend que des deux mil sept cens livres que j'ay à l'aquit des dettes de feu son père, deux mille livres soient à son profit particulier et les lui donne entièrement. Et les sept cents livres restants je les donne à son frère, et pour le regard de leur sœur pour l'oider à la marier, lorsque son parti se présentera, je lui donne mille livres.

Item. Je donne à mon nepveu *Pierre Besse,* fils de *mon second frère feu M° Jean Besse,* marié et demeurant à Meymond, paroisse de La Roche, bien qu'il oit ou son feu père jouý pour un tiers de tout mon patrimoine depuis trente sept ans en ça, et que je lui oie tout donné, tant principal qu'accessoires et usufruit, qui pouvoit monter pour sa part à plus de quinze cens livres, et que d'ailleurs il ne m'a jamais donné beaucoup de contentement et s'est même marié par deux fois sans en avoir jamais demandé mon avis, seulement néanlmoins plus en considération de ses enfans que pour l'amour de luy, je lui donne la somme de douze cens livres, ensemble une promesse de feu son père de quarante cinq livres d'argent, que je luy ay d'autres fois prêtée suivant ladite promesse et dont je n'ai voulu foire tant contre le père que contre le fils aulcune poursuite ; et quant est de son frère *François*, qui est par le pays et dont on a eu, il y a longtemps aulcunes certaines nouvelles, en cas qu'il revienne je luy donne mille livres.

Item. Je donne à mon nepveu M° *Jean Besse,* advocat en la cour de parlement et demeurant à présent à Meymond, fils de M° *Etienne Besse,* mon troisième frère pour l'honneur et vertu que j'ai reconnu en luy et l'amitié que je luy ai toujours porté et afin de maintenir l'honneur et conserver la réputation de sa maison paternelle et de toute la famille, outre la donation à luy foite et que je ratifie de rechef, je lui donne dis-je la somme de cinq cens livres de rente tous les ans à moy dheue par Monsieur *Chovard,* conseiller du roy en son grand conseil de Paris et Monsieur *Chauvelin,* sieur de Grizonnois, son oncle, et constituée moyennant le prix et somme de de huit mile livres.

Item. Je lui donne la moitié de ma bibliothèque et l'autre moitié je la donne aux pères *Récolets* (1) et à tel couvent qu'il ploira à mon nepveu, frère du dit advocat, qui a l'honneur d'estre de leur ordre ; bon religieux qui a une belle et honneste réputation selon Dieu parmi eux comme très utile à cette compagnie. Et je désire qu'en ce partage mon nepveu l'avocat choisisse les autres aux bons pères, qu'ils jugeront être plus proches pour leur profession ; et par ce qu'il coûtera beaucoup pour les foire porter de cette ville jusqu'en Limozin et pour oider aux frois, je veux qu'il leur soit donné la somme de cent

---

(1) Les Franciscains. — Une grande partie de la bibliothèque de l'abbé de Besse fut donnée aux Cordeliers de la Cellette.

livres; et moyennant ce, j'espère qu'ils auroient souvenance de ma pauvre âme en leurs prières et sacrifices et je les en supplie très humblement, et mon bon nepveu particulièrement, lequel je prie de dire la sainte messe et la fasse dire à tous les religieux du couvent où il sera, sitost qu'il aura les nouvelles de mon décès.

Item. Je donne à mon nepveu l'advocat ma chapelle d'argent, consistant en calices, burettes, croix, chandelles, bassin, benittier et son goupillon, boite à mestre le pain et la clochette, estui, et le prie de la garder pour l'amour de moy et en souvenance de son bon oncle soigneusement, et jusqu'à ce que Dieu lui donne quelque enfant qui pourra estre d'esglize ; et ou il n'en auroit pas, son frère *François* en ayant, je veux que toute ladite chappelle luy soit donnée.

Item. Je donne au dit *François Besse,* frère dudit advocat aussi mon nepveu, outre la donation à luy foite de mes rentes laquelle de rechef j'approuve et je ratifie, je lui donne, dis-je, la somme de deux cens livres de rente à moy deue tous les ans et constituée moyennant le prix et somme de trois mille deux cens livres en principal par M° Annet Durand, seigneur de Peyrignat, demeurant à Clermont. Et outre et au cas que ladite rente vienne à estre rachetée de mon vivant, veus et entend que pareille autre rente et de même constitution par moy ou les miens luy soit baillé.

Item. Je donne à *Jacob Besse,* dit *molin,* fils de M° *Anthoine Besse,* marié à Pamide en Languedoc et que puis quelque temps n'est venu voir, je luy donne, dis-je, la somme de huit cens livres, quoi quelconque et pour certaine considération, il ne puisse rien prétendre à ma succession.

Item. Je donne à mes aultres nepveux *Gabriël* et *Durand Besse* enfans de feu *Pierre Besse,* un mien frère, outre et par dessus la donation que je luy ay cy-devant foite, je leur donne, dis-je, à chascun mille livres.

Item. Pour le regard de leur frère Jean, qui ne m'a jamais donné que des tourmens et fasché toute sa vie, ne s'étant jamais voulu gouverner pour moy, s'est marié contre ma volonté et en son dernier voyage en ceste ville m'a offensé grandement et donné toutes sortes de mécontentements et commis des actes indignes d'un homme de bien et d'honneur, s'étant par ce moyen rendu indigne de mes bienfoits, quoique je lui aye foit du bien cy-devant plus qu'il ne mérite, néammoins par pitié et en considération de ses enfans, je lui donne cinq cens livres.

Et quant c'est de leur autre frère *Joseph,* que j'avais mis en métier et n'y a pas voulu demeurer, ainsi se débaucha, a tiré et porté les armes ; bien que par une juste punition de sa désobéissance et du mécontentement qu'il m'a donné, je ne lui dusse rien laisser, néanlmoins par charité et eu égard de sa jeunesse, au cas qu'il revienne, je lui donne la somme de huit cens livres.

Item. Je donne a mes deux nepveux, les chanoines, savoir celui de Saint-Germain en Limozin et l'autre d'Herment, en Auvergne, auxquels j'ai donné les chanoinies et prébendes dont ils sont pourvus et en jouissent ; je leur ay donné, dis-je, à chascun mille livres pour acheter chascun une maison pour se loger et s'accommoder d'ailleurs selon leur mérite ; de plus pour les obliger davantage à prier Dieu pour moy, je leur donne à tous deux également mes aubes, surplis, aumusses, voiles de calice, corporaux, missels et tout ce qui se trouvera des ornements d'un prêtre, et outre cela à chascun d'eux un bréviaire en deux tomes,

Item. A mon autre nepveu, *Etienne. Besse,* maistre tailleur d'habits et marié en cette ville de Paris, auquel j'ai baillé en faveur de mariage la somme de quinze cens livres, assavoir neuf cens livres payables dans deux ans et les six cens livres payables après ma mort ; luy ayant payé déjà la somme de neuf cens livres, comme appert par quittance couchée en la minute de son contract de mariage, veux et entend que les autres six cens livres restant à payer luy soient payées incontinent après mon décès ; et, de plus, je luy donne la somme de cinq cens livres.

Item. A *Martin Besse,* frère du chanoine d'Herment, encore mon nepveu estant en quelque part par le pays et duquel on n'a ouy aulcunes nouvelles, au cas qu'il revienne, je lui donne mille livres.

Item. Je donne au fils aîné de M. *Taravant,* marchand, demeurant à Laqueuille, et de *Françoise Bessé,* sa femme, ma niepce, pour l'honneur qu'ils m'ont foit de me faire tenir un de leurs enfans sur les sacrés fonds du Baptême, au lieu de mon filleul qui est mort, la somme de six cents livres.

Item. Je donne à mes chéres, vertueuses et honnestes niepces, femmes de mes nepveux, l'*advocat, son frère, Taravant, gallocher, Meymard,* et la veuve de feu M. *Gaspard Besse,* à chascune la somme de cent cinquante livres, pour les employer à leurs menus plaisirs, et ainsi que bon leur semblera.

Item. Je donne à mes aultres niepces, assavoir, à la femme de *Pierre,* demeurant à Meymond, à celle de *Jean,* marié à Herment, à celle d'*Estienne,* demeurant à Paris, à celle du prodigue *Guichard,* demeurant à Herment, à celle de *Gabriel,* demeurant au Monteil, et à *Pinelle,* sa sœur, mariée au mesme lieu, à chascune la somme de cent livres, pour en disposer chascune à leur volonté.

Item. Je donne à Mme *Daumont,* veuve de feu Nicolas *Daumont,* vivant, imprimeur de taille douce, pour les bons et agréables services qu'elle et feu sa mère m'ont rendus dans mes grandes maladies, la somme de huit cens livres.

Item. Je donne à la pauvre *Louise Pelletier,* femme de *Jehan Sépout,* tailleur de pierre, la somme de cent cinquante livres, et de plus à sa petite-fille *Marie Sépout,* ma filleule, la somme de trois cens livres pour la marier, et veus et entens que l'argent soit mis entre les mains de ladite Mme *Daumont,* sa tante, et où ladite *Sépout* viendrait à mourir plutôt que d'estre mariée, je veus que la susdite somme tourne au profit des aultres filles, ses sœurs.

Item. Je donne à *Marie Trévol,* ma servante pour les bons et fidelles services qu'elle m'a rendus et le long temps qu'elle est avec moy, la somme de six cens livres ; de plus je lui donne tous les meubles qui sont dans sa chambre et tous mes vieux habits ; et encore parce qu'elle est fort vieille et n'a plus de

force pour servir davantage et moyen de gagner sa vie, pour
luy laisser moyen de vivre, je lui donne et laysse la jouissance
d'une rante de trois cens livres de rante tous les ans à moy
deue sur le sel de cette ville de Paris, et veux et entend qu'elle
en puisse jouir avec la dame *Daumont,* sa bru par égales por-
tions et en commun leur vie durant, et que l'une qu l'aultre
venant à mourir, celle qui surviyra jouisse entièrement de
ladite rente, et après le décès de toutes les deux, je veus que
ladite rente tant jouyssance que principal soit et revienne à mes
héritiers, auxquels je la donne entièrement.

Item. Je donne à M. *Robert Savat,* maistre imprimeur en
cette ville de Paris, et à *Etienneste Regulaix,* sa femme, la
somme de deux cens cinquante livres, qu'ils me doivent par
obligation, et veux que ladite obligation leur soit rendue.

Item. Je donne à *Pierre Daumont,* autrefois mon serviteur,
encore qu'il ne m'aie jamais bien ny fidellement servi et m'a
abandonné plusieurs fois pour s'en aller à la guerre. Mais par
charité et espérance qu'il sera homme de bien, je lui donne,
dis-je, quarante livres pour s'habiller et cent cinquante livres
pour luy foire apprendre quelque honneste mestier ; mais à la
charge que l'argent sera mis entre les mains de sa mère
grand (1), et qu'il n'y aura qu'elle qui disposera et emploiera
comme elle verra estre bon et nécessaire pour son petit-fils.

Item. Je veux qu'il soit acheté trois calices d'argent et les
burettes de mesme avec leurs estuis, du prix et valeur chascun
de cent livres, dont l'un sera baillé à l'esglize et chapitre de
Notre-Dame d'*Herment,* qui ne servira qu'aux messes hautes
de chœur ; l'aultre à l'esglize et paroisse de *Feyt,* dont le curé
s'obligera à mon nepveu l'advocat, comme seigneur du lieu,
afin qu'il n'en arrive ; et la troisième à l'esglize et paroisse de
La Roche, qui sera toujours gardé à Meymond en la maison de
mon dit nepveu l'advocat, qui le fera porter toutes les festes et
dimanches à ladite esglize pour servir à la messe ; et de plus
je donne aux trois mesmes esglizes trois chazubles de damas

---

(1) Marie Trévol.

blanc avec un beau passement dessus, à chascune esglize une, chazuble du prix et valeur de cinquante à soixante livres chascune.

Et où après que tous les articles de legs de mon testament compris et cy-devant mentionnés estant exécutés et accomplis, restait encore quelque chose, comme je le crois ; veux et entens que la meilleure partie soit employée pour acheter une maison et quelque petite mestaierie pour l'entretennement d'un mestre d'escholle dans la ville d'Herment, qui enseignera la jeunesse et l'instruira, tant en la crainte de Dieu, cathéchisme de la religion chrestienne et catholique, que ès lettres et bonnes mœurs, et que pour cela sera tenu, tous les dimanches et festes de la Sainte-Vierge et des apostres, de mener ses enfans et escholliers à la messe et à vespres, et après lesquels dittes dans le cœur par messieurs les doyens et chanoines et tout le service estant achevé, il fera chanter devant l'hostel de la Vierge par lesdits petits enfans, tous à genoux : *salve regina*, ou *inviolata*, ou *alma redemptoris mater*, ou *ave regina cælorum*, ou tout autre salut, selon le temps, à l'honneur de la sacrée Vierge, avec l'oraison et après le salut dire à haute voix le psaume *miserere mei Deus* et *de profondis*, et à la fin les oraisons *Deus qui inter apostolicos sacerdotes, Deus venia largitor et fidelium, Deus conditor,* et à l'intention et pour le salut de l'âme du fondateur et de tous ses parents et amis trépassés. Que s'il ne se trouve point sitôt de fonds, ou mesterie à vandre dans le pays, je veux qu'on prenne sur ce qui restera de mes biens ce que dessus accompli jusqu'à la somme de trois mille six cens livres pour faire deux cens livres de rente pour l'entretènement du dit mestre d'escolle ou bien qu'on prenne deux cens livres de rente qui me sont deubs en cette ville de Paris par Mᵉ *Gillot*, marchand drapier, demeurant rue Saint-Honoré, et au cas que ladite rente vienne a estre racheptée veut et entend que l'argent du rachapt soit incontinent mis en fonds ou domaine dans le pays.

Et à l'effet que ny aye point d'abus ny corruption en l'élection du maistre d'escolle, je veux et entends qu'elle se fasse par messieurs les doyen et chanoines du chapitre, messieurs les consuls de la dite ville et mon nepveu l'advocat, et après luy par l'ayné de famille, lesquels tous ensemble en leur conscience de gens de bien et ne visant qu'au bien publiq et instruction de la jeunesse, choiziront un homme de bien et capable de bien instruire et gouverner la jeunesse, et après cette eslection qu'ils ayent soin de la conservation de cette rente ou héritage, le tout pour son entretènement et nourriture et non pour autre chose.

Enfin s'il y a encore quelque chose de reste et de demeurant, tout ce que dessus entièrement et fidèlement accompli, je veux que le tout soit donné aux pauvres, ou employé à marier quelques pauvres ou à quelques aultres gens que mes deux nepveux, l'advocat et son frère François, jugeront estre utile ou nécessaire, dans la paroisse de *La Roche, qui est la paroisse de ma nessance* (sic).

Et pour l'exécution et accomplissement de tout ce que, je prie bien humblement monsieur *Merlin* et monsieur *La Beilhe,* procureur en parlement, mes très amis et très chers amis et bons compatriotes de vouloir prendre la peine, lesquels j'ai choisis et les nomme dès à présent pour exécuteurs de mon testament et dernière volonté; et pour ce foire leur donne pouvoir; et pour quelque récompense de la peine qu'ils y prendront je leur donne à chascun la somme de cent cinquante livres, et à madame *La Beilhe,* je lui donne un diamant de cent livres, afin se souvenir de son pauvre parain et prier Dieu pour son âme.

Et au cas que sur l'accomplissement et exécution de ce mien testament, quelqu'un de mes nepveux vouldrait brouiller, faire des procès, s'opposer á mes dernières volontés et contrevenir à mes intentions, ne se contentant pas de ce que je lui donne, et enviant luy et aultres, en ce cas je veux et entends que le legs que je lui fois soit nul et que sa part soit donnée incontinent aux pauvres; et supplie avec affection mes fidelles amis et exécuteurs dy tenir soigneusement la main, et le rendre tout à fait indigne de mes bienfaits.

En foi de quoy j'ai écrit et signé de ma main le présent acte, faict à Paris en mon estude au collége Saint-Michel le dimanche après avoir dict la saincte messe, *troisième d'aoust mil six cent trente six.*

Item. Et en ajoutant au contenu de mon testament, cy-devant

escrit, je donne à M. *Gigot,* maistre chirurgien de robe longue
et à sa femme, pour l'honneur qu'ils m'ont foict de m'avoir
choizi pour porter sur les sacrés fonts du baptême leur premier
enfant, la somme de quatre cents livres de rante, à choizir
entre toutes mes rantes ; et veux et entends que les contracts
leur soient incontinent délivrés. Fait à Paris le *vingtième mars
mil six cent trente huit.* — Signé : Pierre Besse, docteur à
Paris.

FAC-SIMILE D'UN AUTOGRAPHE DE PIERRE DE BESSE.

TRADUCTION DE L'AUTOGRAPHE DE PIERRE DE BESSE.

Monsieur mon frere, payez, je vous prie, les decimes ordinaires de mon doyenné, de la presente année seulement, jusques à la concurrence de dix livres, et ce en deduction du mandement qui m'a esté fait sur les Brousses, de quoy je vous tiendroy conte. Asseavoir les decimes de l'année presante mil six cents et ung. Faict à Herment, ce quatriesme jour d'aoust mil six cent et ung.

PIERRE BESSE.

Monsieur mon frère,
Monsieur Me Estienne Besse.

NOTICE BIBLIOGRAPHIQUE

Les divers ouvrages de Pierre de Besse ont eu
un tel succès en leur temps que les éditions s'en
sont multipliées à l'infini. Non-seulement les libraires privilégiés faisaient des tirages successifs
de chaque édition, lorsque le texte avait été revu
et modifié par l'auteur, mais les imprimeurs de
province, ne se faisant aucun scrupule d'empiéter
sur les droits des véritables cessionnaires de l'auteur, recouraient à quelque ecclésiastique de leur
pays pour faire remanier en quelques parties le
texte des éditions approuvées, et publiaient ces
contrefaçons à un nombre énorme d'exemplaires.
D'un autre côté, les étrangers traduisaient dans
toutes les langues les sermons du prédicateur
limousin et c'était autant de nouvelles éditions
qui paraissaient sous un masque latin, italien ou
espagnol. On comprend qu'avec une multiplicité
pareille d'éditions, il est difficile d'établir un catalogue complet des diverses impressions qui, au
xviie siècle, ont répandu à profusion les œuvres
de Pierre de Besse ; mais nous pouvons au moins
fournir les premiers éléments et le cadre de cette
monographie, et c'est là le but de notre notice.

I

Premières conceptions théologiques sur le caresme, *preschées à Paris en l'église Saint-Severin, l'an 1602, par M.* Pierre de Besse, *docteur en théologie. — A Monseigneur le Prince, avec privilège du Roy. 1604. — A Paris, chez Nicolas Du Fossé, rue Saint-Jacques, au Vase d'Or, 1 vol. in-8°.*

1re Édition privilégiée.

1135 pages, tant numérotées que non numérotées.

Frontispice signé : *L. Gaultier fecit*, représentant un retable, dont la partie centrale, en creux, est occupée par le titre, lequel est surmonté des armes de Condé : un écu chargé de trois fleurs de lis et d'une barre, sous une accolade formée par une branche d'olivier et une palme, et sommé d'un casque grillé de face avec la couronne ducale et le manteau de pair.— Contre les deux montants, deux saints debout; à gauche, un pape, coiffé de la tiare et tenant la croix double; à droite, saint Augustin, mitré et crossé, tenant un cœur percé d'une flèche. Contre les socles, au dessous du pape, un vase penché et répandant son eau sur une fleur, marque du libraire Nic. du Fossé; au-dessous de saint Augustin, l'emblème, je n'ose dire le blason, de Pierre de Besse : un écu chargé de sept ruches en orle, celle du sommet couverte d'abeilles et surmontée d'une étoile, et au-dessous de l'écu, la devise : septimus impar.

Le titre et le frontispice occupent le recto du 1er feuillet.

Au 2me feuillet, recto, un quatrain à Monseigneur le Prince verso, le portrait de Henri de Bourbon, prince de Condé, et au-dessous un autre quatrain en vers français.

L'Epitre dédicatoire « A Monseigneur le Prince de Condé, » premier Prince du sang, premier Pair de France, Gouver- » neur et Lieutenant général pour le Roy en Guyenne », signée : « vostre très humble, très obéissant et très fidèle serviteur, au- » mosnier et prédicateur ordinaire, Pierre de Besse. » — Six feuillets.

« A Madame la Princesse », — Sonnet au recto du feuillet.

« A Monseigneur le comte de Belin, chevalier des Deux-
Ordres du Roy et gouverneur de Monseigneur le Prince ». —
Sonnet au verso du feuillet.

« Avertissement », un f° 1/2.

« In sacrarum D. Besse concionum anthologiam », — 12
vers latins signés « Seb. Rolliardus, Melodunensis, in supr.
» cur. Franciæ advocatus. » — Verso du folio précédent.

« De insignibus D. de Besse : *septimus impar* », — 14 vers
latins. — « Au mesme par le mesme sur ses Conceptions », —
Sizain en vers français signé, Simon de Cubes, lymosin. —
Ces deux morceaux au recto du feuillet.

« A Monsieur de Besse, Docteur en la Faculté de Théologie
» à Paris », — Sonnet. — « Quatrain » en vers français, signé
Paulmier Crouille. — Ces deux morceaux au verso du folio
précédent.

Puis vient le texte des cinquante sermons disposés chrono-
logiquement depuis le jour de la Purification de Notre-Dame
jusqu'au dimanche de Quasimodo. (pp. 1-1044.)

Le volume se termine par le privilège du 9 février 1604, l'approbation des docteurs du 3 septembre 1603, enfin la table.

Nous avons reproduit le titre, sinon primitif, du moins définitif, du premier ouvrage sorti de la plume féconde de Pierre
de Besse, et imprimé pour la première fois, sous sa nouvelle
forme, en 1604. Il est probable que ce recueil de sermons avait
déjà paru sous une enseigne bizarre. C'est du moins ce qu'on
peut conjecturer d'un passage qui forme le début de l'*advertissement* de l'édition de 1604.

C'est le livre qui parle :

« Lecteur, encore des nouvelles. C'est pour te compter mon
» âge, mon voyage et toute ma fortune. On m'a appelé autre-
» fois le *pauvre avorton*. Mon père mesme honteux de me re-
» cognoistre et m'advouer pour fils me donna ce nom. Aussi
» n'estois-je pas venu à terme... J'ay couru depuis le pays,
» sans porter autre nom ny surnom, ny seigneurie, toujours
» tout déchiré, tout habillé à lambeaux, tout à pièces mal
» cousues, tout plein de confusion et de mauvaise grâce. Mais
» enfin l'artifice et l'affection paternelle de mon autheur qui
» avoit eu tant de regret de me voir roder en si pauvre équip-
» page, travaillant à mon honneur et se mettant en nouveaux

» frais, m'a faict changer de nom, couvert d'autre façon, ha-
» billé de meilleure estoffe, et rendu plus hardy de paroistre
» et plus propre pour fréquenter le monde. J'en suis tout glo-
» rieux, tout présomptueux, tout enflé de boutades : il me
» semble maintenant que tout le monde me regarde et que je
» suis digne de regarder tout le monde. Il n'y a remède ; qu'on
» pardonne à ceste vanité : ce sont traicts de jeunesse. Aussi
» ne fais-je que naistre et sortir du berceau ; je suis encore en
» bas-âge, et n'y a pas deux ans qu'on m'a donné l'estre, le
» jour, le bruit et la vie...

    » Ne t'estonne donc pas si la langue me bégaye, si mon
» discours tient de la barbarie, si mes termes ne coulent pas
» par ordre, si mes périodes ne sont pas bien quarrées, si tout
» ne va pas bien à la cadence, ny s'il y a du manque en mes
» harangues. Car quelle apparence de désirer *d'un avorton* de
» l'éloquence, d'un estranger des fleurs de bien dire et *d'un*
» *pauvre Lymosin* un plus poly langage. Encore y a-t-on trouvé
» du goust et du contentement et du plaisir en des bonnes com-
» pagnies. J'ay galopé et couru en plusieurs climats, et tou-
» jours bien venu par tout, et en ay rapporté de l'honneur
» pour moy, à mon autheur de la louange, et de la gloire pour
» mon prince. C'est ici mon cinquiesme voyage, et toujours à
» gros trains, à grands frais, pour le moins à treize cents
» exemplaires à chasque course. J'ay veu et les villes et les
» champs, les ouvroirs des artisans, les cloistres des religieux
» et les palais de la noblesse. J'ay déjà couru les deux pôles
» du Royaume. Et bien que je ne sceusse que parler françois,
» ny esté conceu que pour le service des François, les estran-
» gers, désireux de me voir, m'ont fait passer les frontières,
» et me faisant parler, les uns ytalien, les autres espagnol,
» m'ont fait faire des voyages lointains et des postes extraor-
» dinaires que je ne m'estois pas proposées.

    » Voilà mon nom, mes ans, mon voyage et presque toute ma
» fortune. »

Si j'ai bien compris le sens de ce langage figuré dont notre
auteur ne se départ jamais, et dont il a atteint les dernières
limites, l'avorton qui a deux ans à peine, serait le recueil primitif des sermons prêchés à l'église de Saint-Severin, en 1602;
les quatre précédents voyages faits à 1,300 exemplaires, se-

raient des tirages successifs du *pauvre avorton*, lequel, changeant de nom, entreprend son cinquième voyage sous le titre de *Premières Conceptions théologiques sur le Caresme*, en 1604.

Ce recueil est dédié à Monseigneur le prince de Condé, premier prince du sang, premier pair de France, gouverneur et lieutenant général pour le roy en Guyenne, dont un portrait qui le représente à l'âge de seize ans, est gravé en tête de l'épître dédicatoire. Ce prince est Henry de Bourbon, né en 1588, âgé par conséquent de seize ans en 1604, date de cette première édition.

L'approbation des docteurs pour cet ouvrage est du 3 septembre 1603; le privilége, en faveur de Nicolas du Fossé, du 9 février 1604. Tous ces faits se réunissent donc pour prouver que la première édition des *Premières Conceptions théologiques sur le Caresme* est de l'année 1604.

Ce recueil contient cinquante sermons, le premier pour le jour de la Purification de Notre-Dame (2 février), les autres pour chacun des jours à partir du mercredi des Cendres jusqu'au mardi d'après Pâques, le samedi d'avant Pâques seul excepté, et le dernier enfin pour le dimanche de Quasimodo.

2e ÉDITION PRIVILÉGIÉE.

La 1re édition, tirée à plus de 1,300 exemplaires, fut enlevée en moins de deux mois, et en 1606, l'auteur en donna une seconde qu'il fit précéder d'un nouvel « *Advertissement au Lecteur* », où il dit : « Ce n'est plus icy ce monstrueux avor-
» ton... Il est à ce coup venu à terme... C'est ici son second
» voyage; il en a desjà fait un fort heureusement, et en moins
» de deux mois ayant couru à plus de treize cents exemplaires,
» il vient reprendre la poste pour courir nouveaux pays et
» donner jusques aux frontières estrangères..... Ne te moque
» plus de ces *Conceptions*. J'ay retranché les superfluitez, re-
» mis les défectuositez, planté de nouvelles authoritez, vérifié
» les lieux mal cottés, banny les répétitions, forgé nouvelles
» inventions, rebattu les coustures; tout marche maintenant
» par ordre. »

Cette seconde édition ne diffère de la première que par des variantes de texte peu importantes. Elle contient le même nombre de sermons, affectés aux mêmes jours. Mais sous le rapport typographique, elle présente un changement notable ; car tandis que l'édition originale renferme 1,045 pages pour le texte des sermons seul, celle-ci n'en contient, pour la même partie que 747. Cette différence provient des caractères, beaucoup plus petits et plus compacts dans la seconde édition que dans la première.

3° ÉDITION PRIVILÉGIÉE.

Un *advertissement au lecteur*, qui figure dans l'édition non privilégiée de Simon Rigaud, Lyon, 1629, avertissement différent de ceux qu'on lit dans les éditions privilégiées de 1604 et 1606, a été très certainement emprunté à une autre édition privilégiée que je ne connais pas. Voici à peu près ce qui y est dit :

« Lecteur, un peu d'audience. Ce pauvre Caresme qui a veu
» desjà tant de pays, reprenant nouvelles forces, se résoult
» encore à faire de nouveaux et plus loingtains voyages ; mais
» premier que de partir, il désire te dire un mot et t'entretenir
» paisiblement sur le subjet de ses plaintes..... Ce qui plus
» l'offence... est qu'aucuns libraires, contre la foy jurée de
» leur vocation....., ont entrepris sur ses privilèges et le met-
» tant sous la presse, tout délabré, tout deschiré, tout contre-
» faict, ils l'ont faict sortir au jour avec un si pauvre équipage
» que l'autheur mesme ne le connoissoit plus, pour estre une
» pièce de ses estudes.

» Passe encore si les étrangers seuls s'estoient avisés de le
» défigurer, en l'habillant à leur mode, en le faisant parler à
» leur langage : mais que dedans le Royaume, en son propre
» pays, et au milieu du lieu mesme de sa naissance, il soit
» misérablement à l'opprobre et au pillage, par des libraires
» mesmes, c'est ce qui le contraint de demander secours aux
» pieds de la justice contre tels attentats.

» Si l'ouvrier n'estoit plus au monde, qui a travaillé à telles
» pièces, son interest cesseroit sur la ruyne de ses ouvrages ;
» mais estant encore en vie et se voir atteint de tels affronts
» que de voir fripper et alterer ses Conceptions, changer les
» roses en chardons, le sucre en absynthe, les vérités en men-
» songes, tronquer et estropier les plus beaux passages, cela
» ne se peut tolérer sans passer dans l'impatience, et n'avoir

» point de sentiment à dessus, faudroit n'estre point du tout
» sensible.

» C'est pourquoy son autheur, touché d'une paternelle et pi-
» toyable compassion sur le dégast entrepris de ses denrées,
» et n'en pouvant plus endurer le descri et le mauvais traite-
» ment qu'on leur faisoit, a imploré le secours de tout le
» monde, s'est jetté aux pieds du trosne de la justice, et y a
» trouvé des juges si favorables au Conseil du Roy que, pour
» chastier ceux qui avoient commis une telle faute et espou-
» vanter les autres qui en voudroient entreprendre à l'advenir
» de pareilles, arrest y est intervenu, de protection pour ses pri
» vilèges, et de condamnation rigoureuse, avec tous despens,
» dommages et intérests, contre l'insolence et témérité de ses
» parties.

» Tellement qu'aujourd'hui le voylà tout victorieux et triom-
» phant, qui se remet aux champs, continue ses voyages et te
» présente son service. Il est habillé tout de nouveau, corrigé
» fidèlement et augmenté en beaucoup d'endroits, et de dis-
» cours et de passages et de nouvelles sentences. »

Mais jusqu'à présent nous ignorons la date de l'arrêt dont il
est question dans cet avertissement, et la date même de l'édition privilégiée à laquelle était destiné cet avertissement. Nous
supposons cependant que cette édition doit être postérieure à
l'année 1611, puisque la réimpression de cette année était ac-
compagnée encore de l'avertissement de 1606.

RÉIMPRESSIONS DE LA 2° ÉDITION PRIVILÉGIÉE.

Je pense que c'est sur le texte de la seconde édition qu'ont été
faits les nouveaux tirages commandés plus tard par le libraire
privilégié, Nicolas du Fossé. Il n'est pas douteux, en effet,
qu'il y ait eu des réimpressions postérieures du texte de 1606,
faites pour le compte du libraire privilégié. Nous en possédons
une de l'année 1611 ; l'exemplaire est, il est vrai, daté au bas
du frontispice, de l'année 1606 ; mais il se termine par un privilège du 16 mars 1611, ce qui prouve qu'il n'est pas antérieur
à cette dernière année, et que le libraire a utilisé ce joli frontispice gravé par L. Gauthier pour les éditions de 1604 et 1606.

EDITIONS NON PRIVILÉGIÉES.

Quant aux éditions non privilégiées, aux contrefaçons,

comme on dirait aujourd'hui, elles sont fort nombreuses, lors
même qu'on ne fait pas figurer dans cette catégorie les traductions en diverses langues.

Ainsi « au préjudice du privilège [accordé à Nicolas du
» Fossé.] Un nommé Melchior Bernard, libraire du Pont-à-
» Mousson, à la sollicitation de quelques libraires, tant de la
» ville de Lyon que de Paris, avoit imprimé les *Premières Con-
» ceptions théologiques sur le Caresme*, trois ans après la pre-
» mière impression faite, » par conséquent en 1607. *(Privilège
du Démocrite chrétien, 18 mars 1615)*,

Je possède, dans une collection, trois autres éditions non
privilégiées :

1° Cambray, Jean de la Rivière, 1618.

2° Lyon, jouxte la copie imprimée à Paris, 1624.

3° Lyon, Simon Rigaud, 1629.

Voici les différences qui existent entre les éditions non privilégiées de ma collection :

1° ÉDITION NON PRIVIL. — Cambray, 1618.

CONCEPTIONS THÉOLOGIQUES SUR LE CARESME, *preschées à Paris en
l'église Saint-Severin, l'an 1602, par M° PIERRE DE BESSE,
docteur en théologie. — A Cambray, de l'imprimerie de Jean
de Larivière, 1618. — 1 vol. in-8°.*

820 pages, dont 769 numérotées pour le texte des sermons,
les autres, non chiffrées : 14 pour les préliminaires, 37 pour la
table et l'approbation.

Frontispice signé *Guilliome du Mortie* sc., représentant un
retable dont la partie centrale, en creux, est occupée par le
titre ; la corniche, par deux anges inclinés soutenant un médaillon à l'emblème des jésuites I H S ; les deux montants par
six médaillons disposés trois par trois, l'un au-dessous de l'autre sur chaque montant. Dans chacun de ces médaillons est
représenté un saint personnage assis ; à gauche : 1° Moïse
tenant les tables ; 2° saint Mathieu écrivant sous la dictée de
l'ange ; 3° saint Marc, avec son lion. A droite : 1° David, jouant
de la harpe ; 2° saint Luc, en costume de médecin, le bœuf à
ses pieds ; 3° saint Jean avec l'aigle.

Ce frontispice rappelle par les médaillons des évangélistes

celui qui précède les *Conceptions théologiques sur l'Octave du Saint-Sacrement,* éditées chez Nicolas du Fossé, Paris, 1614.

Cette édition ne contient pas, comme les éditions privilégiées de 1604 et 1606 :

1° Le portrait du prince de Condé et les quatrains qui l'accompagnent ;

2° Les sonnets à Mme la princesse et au comte de Belin ;

3° La pièce de vers latins de Sebastien Rouillard, de Melun ;

4° Et le privilège.

L'avertissement est celui de l'édition originale de 1604.

Telles sont, en dehors des dispositions et des caractères typographiques, les différences de cette édition avec les éditions privilégiées de 1604 et 1606.

2° ÉDITION NON PRIVIL. — *Lyon, 1624.*

LES CONCEPTIONS THÉOLOGIQUES SUR LES ÉVANGILES DE TOUT LE CARESME, *preschées à Paris en l'église Saint-Severin, par* M. PIERRE DE BESSE, *docteur en saincte théologie, prédicateur ordinaire du Roy. — Dédié à Monseigneur le Prince. — A Lyon, jouxte la coppie imprimée à Paris,* M DC XXIIII. — *1 vol. in-8°.*

974 pages : 925 numérotées, 48 non chiffrées dont 16 pour le titre et les préliminaires, et 32 pour l'approbation et la table.

Pas de frontispice ; une simple marque de libraire, représentant Jésus entouré de tous les symboles de la Passion, et près de lui un pape à genoux présentant le calice avec l'hostie.

Cette édition ne contient pas :

1° Le portrait du prince de Condé et les quatrains qui l'accompagnent ;

2° L'avertissement ;

3° Les vers latins de Seb. Rolliardus ;

4° Le sonnet à M. de Besse ;

5° Le privilège,

Hors de là, il n'y a de différence avec les éditions privilégiées que dans les dispositions et le caractère typographique.

3° ÉDITION NON PRIVIL. — *Lyon, 1629.*

CONCEPTIONS THÉOLOGIQUES SUR LE CARESME, *preschées à Paris en l'église Saint-Severin, par M° PIERRE DE BESSE, docteur en théologie. — A Monseigneur le Prince. — Reveu et corrigée. — A Lyon, de l'imprimerie Simon Rigaud, marchand libraire, en rue Mercière, M DC XXIX. — 1 vol. in-8°.*

709 pages, dont 663 numérotées, pour le texte des sermons. Frontispice dont la décoration est la même, à quelques variantes près, que celle des frontispices des éditions privilégiées de 1604 et 1606. La corniche du retable est plus développée, les montants pleins, sont remplacés par une double colonne ; les saints, au lieu d'être debout sont assis, l'écusson de Condé est entouré des colliers de saint Michel et du Saint-Esprit.

Les petits sujets des socles sont différents ; à la place du vase de Nic. du Fossé, un tout petit médaillon, où un jardinier imperceptible arrose une fleur ; au-dessus la devise : *veniant, rigabo donec ope.* A la place de l'emblème de P. de Besse, un petit écusson, en forme de médaillon : d'azur semé de larmes, et deux os en sautoir en pointe, au chef chargé de trois croisettes, et au-dessus la légende : *A mors dicnius.*

Enfin sur la plinthe du retable ces mots : *avec permition. Lo Spirinz fec.*

L'avertissement est différent de ceux des éditions privilégiées de 1604 et 1606 : il a dû être emprunté à une troisième édition privilégiée.

Cette édition ne contient pas :

1° Le portrait du prince de Condé et les quatrains qui l'accompagnent ;

2° Les sonnets à Mme la princesse et au comte de Belin ;

3° Le sonnet à M. de Besse ;

4° Le quatrain de Paulmier Crouille ;

5° Le privilège.

Quant aux différences, outre celles de la typographie et de l'avertissement, elles se bornent à deux :

1° En tête de l'épître dédicatoire, le prince de Condé est qualifié « gouverneur et lieutenant général pour le roy es duchez et pays de Berry et Bourbonnais », au lieu de : en Guyenne ;

2° Les deux pièces de vers, latine et française de Simon de Cubes ne sont pas signées.

Vitrac, dans la *Feuille hebdomadaire de la Généralité de Limoges,* année 1777, à la notice biographique de Pierre de Besse, cite, parmi les ouvrages de cet auteur :

SECONDES ET NOUVELLES CONCEPTIONS THÉOLOGIQUES SUR TOUS LES JOURS DU CARÉME, prêchées à Paris. — Chez Sounias et Baillet, 1629. — 2 vol. in-8°.

Serait-ce une nouvelle édition de l'ouvrage précédent, ou un nouvel ouvrage ? C'est ce que nous ne saurions dire, quoiqu'il soit cependant très probable que ces *Secondes Conceptions* ne diffèrent des *Premières* que par quelques développements et quelques remaniements nouveaux.

TRADUCTION LATINE, — *Cologne, J. Kinckius, 1612.*

Je ne connais aucun exemplaire de la traduction latine de cet ouvrage ; mais cette traduction a été donnée par Jean Kinckius, libraire à Cologne, en 1612. Ce fait ressort de l'avis au lecteur inséré en tête de la traduction des *Conceptions théologiques sur les quatre fins de l'homme,* publiées par ce même libraire en 1613. Voici ce passage :

« Dedimus superioribus nundinis, amice lector, doctas illas
» celeberrimi in Gallia concionatoris Petri de Besse conciones,
» quas in omnia *totius quadragesimæ* Evangelia composuerat ;
» atque eas optimo ac doctissimo cuique placuisse scimus. »

II

CONCEPTIONS THÉOLOGIQUES SUR LES QUATRE FINS DE L'HOMME POUR LE TEMPS DE L'AVENT. — *Paris, Nicolas du Fossé, 1606.* — 2 vol. in-8°.

Ce titre n'est peut-être pas tout à fait exact, car notre exemplaire de cet ouvrage est incomplet du frontispice, et c'est, d'après une indication contenue dans le privilége du *Démocrite chrestien*, indication confirmée par le titre de la traduction latine des *Conceptions théologiques sur les quatre fins de l'homme* que nous avons rétabli le titre qui nous manquait.

Cet ouvrage est le second de ceux que nous devons au prédicateur Pierre de Besse. L'auteur nous l'apprend lui-même dans son *Avis au lecteur*. Après avoir expliqué les causes du retard apporté à la publication de ce nouveau volume, causes provenant d'une grave maladie, il ajoute : « Le ciel m'a donné » delay pour faire pénitence et loisir pour achever mon ou- » vrage. C'est le second de mon mestier, et après un caresme, » un advent devoit naistre. » Ce rang assigné aux Conceptions sur les quatre fins de l'homme parmi les œuvres de Pierre de Besse est attesté de nouveau, comme nous le verrons plus bas, dans le privilège du *Démocrite chrestien*.

Il prie ensuite le lecteur de ne pas se *scandaliser* de ce que son livre a été écrit en français et des fautes qui s'y sont glissées. L'impatience des imprimeurs et les recommandations des médecins ne lui ont pas permis d'apporter à la correction du texte tous les soins qu'il aurait voulu. Quant au fond du sujet, il le soumet à la libre censure du lecteur. « Au partir de là, » *c'est un Lymosin* qui a basti cet édifice et si tu y recognois » des imperfections, que tout ne soit point au plomb ny à l'es- » quierre, que la façon du bastiment n'en soit point belle, que » les pans des exordes, narrations et conclusions soient mal » flanqués, les périodes ne soient pas bien cimentées, les » estages de la disposition mal dressés, les saillies et ouver- » tures des apostrophes et exclamations mal jettées, bref que » l'air, l'assiette, le plan et l'invention n'en soit pas agréables ; » je veux dire, si tu veux tant faire le refrogné, censeur et » maistre cérémonieux, que de décrier cest œuvre, pour y » avoir de la rudesse et des pièces mal taillées, représente-toy » que ce n'est pas un courtisan, mais un estranger, non pas un » citadin, ains un rural qui parle, et que l'oiseau se sent tou- » jours de son ramage. Mais aussi si tu y trouves du mérite, » *dis une fois en ta vie : Vive les Lymosins*, et moy je diray » qu'à toy en soit le profit, l'advancement à l'Eglise, et à Dieu » seul la gloire. Je prétends, seulement, avoir part en tes » prières. A Dieu. »

L'approbation donnée par les docteurs en théologie de la

Faculté de Paris, est du 12 juillet 1606. Le privilège, daté du 21 juillet 1606, est concédé à Nicolas du Fossé, marchand-libraire, juré en l'Université de Paris, pour « *les Conceptions* » *théologiques* sur les quatre fins de l'homme preschées en un » advent par ledit de Besse, ensemble sur quelques festes » particulières de l'année, *le tout en deux volumes.* »

Tome premier. — L'ouvrage est dédié « à très Révérend » Père en Dieu, Monseigneur Henry de Gondy, Evesque de » Paris, conseiller du Roy en ses Conseils Privé et d'Estat, et » maistre de son Oratoire. » L'épître dédicatoire qui lui est adressée est suivie de quatre sonnets de l'auteur :

1° « A Monseigneur, Mgr l'Illustrissime et Révérendissime » Pierre, cardinal de Gondy. »

2° « A Très-hault et très-puissant seigneur Messire Philippe-» Emanuel de Gondy, comte de Joigny, et général des Galères » de France. »

3° « A Très-hault et très-puissant seigneur, Messire Henry de » Gondy, duc de Raits et marquis de Bellise. »

4° « A Très-noble et très vertueux prélat Monsieur Jean de » Gondy, abbé de Saint-Aubin. »

Puis viennent l'avis « Au lecteur », « l'approbation des doc-» teurs, » et le « Privilège du Roy. »

Enfin les sermons, au nombre de dix-huit pour le premier volume, savoir :

Pour le jour de la Toussaint,
      — des Morts,
      — de Saint-Marcel évesque de Poitiers,
      — de Saint-Martin.

Pour les deux premiers dimanches de l'advent et chacun des jours de la semaine qui suit l'un et l'autre de ces dimanches.

« Le volume se termine par la Table des matières et sentences » traictées en *la première partie de cest advent.* »

Il comprend 734 pages, 680 numérotées pour le texte des sermons, 26 pour les préliminaires et 28 pour la table, ces 54 pages non numérotées.

Tome deuxième. — Je ne possède pas ce second volume ; mais d'après la traduction latine de l'ouvrage, faite à Cologne, en 1613, il est possible de connaître en partie l'état des matières qu'il renfermait. La traduction donne le texte de treize nouveaux sermons pour le troisième dimanche de l'Avent, les jours suivants de cette semaine, pour le quatrième dimanche de l'Avent, et les jours suivants jusqu'au vendredi inclusivement. Mais si le volume ne renfermait pas d'autres matières, il serait un peu exigu, par rapport au premier ; aussi je pense qu'il doit contenir en outre, au moins deux autres sermons, celui du samedi, veille de Noël et celui du jour de Noël.

ÉDITION NON PRIVILÉGIÉE, *Douai, J. Bogard, 1607.*

Cet ouvrage eut les honneurs de la contrefaçon aussi bien que de la traduction. Dans le privilège du *Démocrite chrestien,* après que les impressions non autorisées des *Conceptions théologiques sur le caresme,* ont été signalées, on lit : « Comme » aussi les secondes œuvres qu'il a mises en lumière, qui sont » *Conceptions théologiques sur les quatre fins de l'homme pour* » *le temps de l'Advent,* le dit livre estant imprimé et mis en » vente, un an après [en 1607] aurait esté imprimé à Douay, » par un nommé Jean Bogard. »

TRADUCTION LATINE, — *Cologne, J. Kinckius, 1613.*

Voici le titre de la traduction latine dont nous avons parlé plus haut :

Conciones, sive Conceptus theologici ac prædicabiles de quatuor hominum novissimis, quatuor Sacri Adventus hebdomadis accommodati. Authore R. D. Petro Besseo, SS. Th. Doctore, Regis Christianissimi Galliarum et Oratore.

Opus novum, Figuris, Allegoriis, similibus ex sacris profanis que Scriptoribus plenissimum, cum occurentium fidei controversiarum tractatione.

Hac editione aucti indice triplici et diligentius emendati studio M. M.

Coloniæ Agrippinæ, apud Joannem Kinckium, sub Monocerote MDCXIII.

1 vol. in-8°, de 8 feuillets pour les préliminaires, 738 pages pour le texte des sermons et 11 feuillets pour l'index.

Cette traduction contient vingt-sept sermons, pour tous les jours de l'Advent, le samedi, veille de Noël excepté. Elle ne reproduit pas les quatre sermons pour les jours de la Toussaint, des morts, de Saint-Marcel et de Saint-Martin. Elle ne donne pas l'épître dédicatoire, les quatre sonnets à MM. de Gondy, ni le privilège, mais bien l'approbation des docteurs, traduite en latin.

En plus elle contient une épître : « Admodum Reverendo et » Magnifico domino D. Caspari Vlenbergio, SS. Théol. licent. » Gymnasii Laurent. Regenti dignissimo, Ad. S. Columbæ pas- » tor vigilantissimo, et almæ universitatis Coloniensis Rectori » perquam magnifico. » signée : *Joannes Kinckius, Civis et Bibliopola Colon.*

Un avis au lecteur : « Interpres Lectori » ; une table des « Argumenta in conciones ; » un « Index locorum, præcipuo- » rum S. scripturæ qui hoc opere explicantur » ; et trois « car- » men ad librum. »

Dans son avis au lecteur, le traducteur dit que la faveur avec laquelle on a reçu, l'année précédente, sa traduction des *Conceptions théologiques sur le Carême,* l'a décidé à mettre aussi en latin les *Conceptions sur les quatre fins de l'homme;* qu'il s'est contenté de retrancher les sermons placés avant ou après ceux qui étaient destinés aux jours de l'Avent, pour s'attacher seulement à ces derniers et en faire la matière d'un seul volume.

« Quapropter ejusdem [Petri de Besse]*Quatuor novissima* cum » diligenter et assidue ab universis legi cernerem, latina eadem » civitati donare etiam visum est, ac tomo singulari includere, » cœteris quæ præcedebant ac subsequebantur de festis aliquot » concionibus in aliud tempus ac locum opportuniorem reser- » vatis. »

III

CONCEPTIONS THÉOLOGIQUES SUR TOUS LES DIMANCHES DE L'ANNÉE, *preschées en divers lieux par* Mᵉ PIERRE DE BESSE, *Limosin, Docteur en Théologie. — Paris, Nicolas du Fossé, 1609. —* 1 ou 2 vol. in-8°.

Tel est le titre du troisième ouvrage de Pierre de Besse, un de ceux qui ont été le plus souvent réimprimés. Le privilège du

Démocrite chrestien dit formellement que ces Conceptions sur les Dimanches sont les « *troisièmes œuvres* » de l'auteur, qui le donne lui-même à entendre dans le passage suivant de l'*Advertissement au lecteur*, placé en tête du 1ᵉʳ volume du présent ouvrage.

Après avoir expliqué que les Avents et les Carèmes qu'il avait préchés, l'année précédente (1608) à Coutances, en Normandie, et au commencement de l'année courante (1609) à Beauvais, l'avaient empêché de mettre plutôt la dernière main à son ouvrage, préparé depuis longtemps, après avoir dit que ses livres ne faisaient pas long séjour « en la boutique du li-
» braire, et que ces marchandises n'estoient pas si tost en vente
» qu'elles estoient enlevées jusques dans les terres estrangères,
il ajoute : « et en ayant taillé de toutes sortes sur l'estoffe d'un
» Caresme et d'un Advent, en voici encore de nouvelles sur
» les Dimanches. »

Suivant son habitude il s'excuse de ne pas habiller des sujets si riches à la romaine, en d'autres termes, d'écrire en français, et il met sur le compte de son origine limousine, les imperfections de son œuvre. « Quoi qu'il en soit, si j'ay fouillé
» dans les carrières estrangères pour trouver les moëllons et
» des matériaux à bastir, au moins me puis-je bien vanter
» d'estre le maistre maçon et l'architecte de l'édifice. Aussi
» suis-je Lymosin. C'est pourquoi tu ne dois point attendre de
» rencontrer icy des poinctes d'une éloquence; car ces belles
» fleurs de bien dire qui naissent sous le doux air de la France,
» ne se peuvent espanouir sous le rude climat de nostre
» Guyenne. »

Nous ne connaissons pas d'exemplaire de l'édition originale de cet ouvrage : nous ne savons donc pas à qui l'ouvrage était dédié; mais par la date de l'approbation des Docteurs qui est du 5 avril 1609 et par les renseignements que nous fournit la notice de l'abbé Vitrac [*Biographie des Hommes illustres de l'anc. prov. du Limousin*, p. 66], nous pouvons affirmer que cette édition originale parut à Paris; chez Nicolas Du Fossé, 1609, en 2 vol. in-8.

L'abbé Vitrac cite une seconde édition de 1611, en 2 vol. chez le même libraire. De celle-ci nous possédons le second volume, dont voici le titre :

Conceptions théologiques sur tous les dimanches de l'année, *preschées en divers lieux, par M° Pierre de Besse, Limosin, Docteur en Théologie et Prédicateur ordinaire du Roy. — A Monsieur de Loménie. — Tome second. — A Paris, chez Nicolas du Fossé, rue Sainct-Jacques, au Vase d'Or. — 1611.*

Frontispice gravé : L. Gaultier, *sculpsit.* Retable à corniche arrondie que soutient de chaque côté un groupe de deux colonnes cannelées, à riches chapiteaux, avec guirlandes de feuillage en relief. La concavité du centre est occupée par le titre, que surmonte, à la hauteur de la corniche, l'écusson des Loménie, placé dans une accolade de deux branches de laurier et sommé d'un casque empanaché de profil. Les armes sont d'argent, à l'arbre de sinople entourant de ses racines une boule de même, au chef d'azur chargé de trois lozanges d'argent. Dans les socles des colonnes sont taillées les marques du libraire, le vase incliné, et de l'auteur, les sept ruches.

L'épître dédicatoire adressée « à M. de Loménie, Sgr de la » ville aux Clercs, conseiller du Roy en son Conseil d'Estat, et » secrétaire de ses Commandements et Finances, » est datée « de Paris, *ce 22 mars, 1611.* » Elle est suivie d'un sonnet et d'un quatrain au même puis d'un sonnet et d'un quatrain à M. Henry de Loménie, conseiller du Roy et secrétaire de son cabinet. Ces quatre morceaux signés *P. de Besse.*

Puis viennent un sonnet « à Monsieur de Besse, prédicateur » ordinaire du Roy, sur ses *Conceptions théologiques,* » signé, « *Jean Bandel, Limosin.* »

Et un sizain en vers latins « In concionum libros D. D. de » Besse, » signé *Julianus de Rouez, Cenomanensis Suzanneus.*

Ensuite l'approbation des docteurs en théologie de la Faculté de Paris, datée du 22 mars 1611.

Immédiatement après commence le texte des sermons, au nombre de vingt.

Matières du 2° volume. — Quatre sermons pour les quatre dimanches de l'Avent différents de ceux qui font partie des *Conceptions théologiques sur les quatre fins de l'homme.*

Un pour le dimanche dans l'Octave de Noël.

Six pour les six dimanches après l'Epiphanie.

Trois pour les dimanches de la Septuagésime, de la Sexagésime et de la Quinquagésime.

Un pour le dimanche de Quasimodo, précédé d'une note avertissant le lecteur que « les dimanches suivants jusques » après Pasques se trouvent tous de rang et en bel ordre dans » son Caresme, à raison de quoy il ne les a pas voulu icy re-» mettre, hors-mis celuy de Quasimodo, qu'il fait encore sortir, » taillé et estoffé d'une autre sorte. »

Cinq pour les 2me, 3me, 4me, 5me et 6me dimanches d'après Pasques.

Le volume se termine par la *Table des matières*, et par le *Privilège du Roy,* en date du 16 mars 1611.

L' « *Achevé d'imprimer* » est du 30 mars 1611.

En tout : 927 pages numérotées pour le texte des sermons, 12 feuillets pour les préliminaires et 24 feuillets pour la table et le privilège, ces 36 feuillets non paginés.

Comme il n'était pas d'usage de prendre une nouvelle approbation pour les ouvrages qui en avaient reçu une déjà, ainsi que nous avons pu le constater à propos des Conceptions théologiques sur le carême, dont les éditions les plus récentes, celle de 1629, par exemple, portaient encore l'approbation primitive du 3 septembre 1603, d'un autre côté comme les privilèges avaient ordinairement une durée de dix ans, et que, dans ce cas, celui qui autorisait l'impression de ce second volume, daté de 1611, aurait été renouvelé deux ans seulement après sa concession, si cette concession avait eu lieu en 1609 pour ce second volume, comme elle avait eu lieu pour le premier, j'en conclus avec vraisemblance que le second volume des *Conceptions sur tous les dimanches de l'année* a été imprimé pour la première fois en 1611 seulement, et que l'édition de 1609 s'est bornée au premier volume.

Deux autres faits viennent appuyer cette conclusion : 1° la mention « achevé d'imprimer le 30 mars 1611 » qui ne se plaçait ordinairement qu'à la fin des éditions originales ; 2° l'épître dédicatoire qui se trouve à la tête du 2e volume. Si l'ouvrage avait été publié tout entier en une seule fois, la dédicace aurait été mise en tête du premier volume, et il n'y aurait eu qu'une dédicace. Tout ce qu'on peut admettre pour justifier le renseignement fourni par l'abbé Vitrac, c'est qu'en 1611, lors-

qu'on a imprimé pour la première fois le second volume, on
a réédité le premier.

D'après l'abbé Vitrac il y aurait eu encore plusieurs autres
éditions privilégiées publiées également en 2 vol. in-8° chez le
même libraire, Nicolas du Fossé, en 1618 et 1624.

Quant aux contrefaçons elles ne sont pas moins nombreuses.
Le privilège du *Démocrite chrestien* signale l'impression faite
« par un nommé Jean de la Rivière, libraire et imprimeur à
» Cambray, » six mois après que l'ouvrage avait été mis en
vente, par conséquent au commencement de l'année 1610.

L'abbé Vitrac cite des éditions de :

Rouen, Beauvais, 1623.

    —   Petival, 1628.

    —   Osmond, 1623.

Enfin je possède un exemplaire du premier volume d'une
édition de Douai, 1632, dont la description suit :

CONCEPTIONS THÉOLOGIQUES SUR TOUS LES DIMANCHES DE L'ANNÉE,
preschées en divers lieux, par M. PIERRE DE BESSE, *Docteur
en Théologie, Aumosnier et Prédicateur ordinaire de M. le
Prince de Condé. Augmentées en ceste dernière édition des
Dimanches de Caresme. — Tome premier. — A Douay, chez
Pierre et Martin Bogart, l'an M. DC. XXXII. — In-8°.*

Au verso du titre est l'approbation donnée à Cambray, le
31 juillet 1613, « par Gabriel Legay, bachelier en théologie,
» escolatre et chanoine de la première église collégiale, cen-
» seur des livres, » qui, sur le vu des approbations des Docteurs
en Théologie de la Faculté de Paris, juge les Conceptions
théologiques de M. Pierre de Besse sur les Dimanches de
l'année « estre très dignes et utiles, pour le public, d'estre de
» rechef imprimées. »

Les expressions de cette approbation prouvent, pour le dire
en passant, qu'il y a eu deux éditions de cet ouvrage faites à
Cambray, l'une en 1610, comme le constate le Privilège du
Démocrite chrestien, en date du 18 mars 1615, l'autre en 1613,
contemporaine de l'approbation du censeur des livres, qui
jugeait l'ouvrage *digne d'être de rechef imprimé.*

On peut aussi conjecturer, en voyant l'approbation du censeur de Cambray placée en tête de cette édition, au lieu de

l'approbation des Docteurs de la Faculté de Théologie de Paris, insérée dans l'édition originale, que cette présente édition de Douai a été faite sur celle de Cambrai.

Après l'*Approbation* vient une *épître dédicatoire* des libraires à « Monseigneur le R. P. en Dieu, D. Pierre Trigault, très » vertueux et mérité prélat de l'ancienne, religieuse et noble » abbaye de Saint-Guislain en Haynault, etc. », leur oncle. Dans un style ampoulé à merveille, les éditeurs expliquent les raisons qui les ont déterminés à offrir au public cette nouvelle édition d'un des principaux ouvrages de Pierre de Besse.

« Considérons donc, disent-ils, selon l'avis des mieux versés » en cet art des arts, que telle étoit l'excellence de la doctrine » de ce grand personnage et de ses rares sermons, lesquels » mêmes ont été réduits en abrégé latin par le R. P. F. Jean- » André Coppeinstein, de l'ordre de S. Dominic, grand pré- » dicateur et docteur en la Sainte Théologie, imprimés à » Mayence, l'an 1624 ; et voyons que les feux de tant de beaux » écrits et sermons, brillans de lumière céleste, allaient » s'étouffer dans la cendre morne d'un silence ingrat, reléguéz » au tombeau d'une suppression par un certain mancquement » d'exemplairs qui commençoient à nous défaillir, en suite de » l'exercice typographic de notr' art, nous les avons réunis » sus notre presse typographicque à nos propres cousts et » grands fraiz, pour le secours et profit du public. »

Ils ne doutent pas que cette offrande ne soit agréable à leur illustre parent. « Car c'est un maistre Pierre de Besse, relevé » par dessus le commun des hommes. Ce sont les tres doctes » et rares sermons sur les dimanches de l'an, composez par » ce même vénérable docteur en la Sainte Théologie de la » Sorbonne de Paris. Sermons qui vont atteignans jusqu'à la » plus haute région du Ciel. Sermons quy, comme des falx de » cinammome, animent leurs lecteurs et auditeurs, et les ren- » forcent par leurs poids ; sermons, dont les plus longs sont » les meilleurs. Pièces sacrées et sucrées, dont les plus pesan- » tes sont les plus précieuses. Et qui s'ennuyëroit de tels mots, » pourroit se dégoutter de la manne. »

Viennent ensuite l'*Avertissement au lecteur*, dont nous avons donné un extrait, au début de ce chapitre, et l'approbation des Docteurs de Paris, en date du 5 avril 1609.

Le texte des sermons commence immédiatement après. Les sermons sont au nombre de vingt-quatre, pour chacun des

vingt-quatre *Dimanches d'après la Pentecôte* (jusqu'à l'Avent).

Le volume est terminé par une *table* et comprend : 575 pages numérotées pour le texte des sermons, 8 feuillets non paginés pour la table et 6 feuillets, également non paginés, pour le titre, l'épître dédicatoire, l'avertissement et les approbations.

En somme, les sermons compris dans les deux volumes des *Conceptions théologiques sur tous les Dimanches de l'année* sont au nombre de quarante-quatre seulement et s'appliquent à la période de l'année qui s'étend depuis le premier dimanche après la Pentecôte jusqu'au dimanche de *Quinquagésime,* celui qui précède le Carême ; encore l'un de ces sermons, celui du dimanche de *Quasimodo,* n'appartient pas à la même série chronologique, et il ne se trouve ici, hors de sa place, que parce qu'il est complètement différent d'un autre prône pour le même jour qui fait partie des *Conceptions théologiques sur le Carême.* L'auteur lui-même a pris soin d'expliquer cette exception.

Les sermons qui se rapportent aux neuf autres dimanches de l'année se trouvent, huit dans les *Conceptions théologiques sur le Carême,* à savoir ceux de *Quadragésime, Reminiscere, Oculi, Lœtare,* de la *Passion,* des *Rameaux,* de *Pâques* et de *Quasimodo,* et l'autre, celui de la *Pentecôte,* dans les *Conceptions théologiques sur l'Octave du Saint-Sacrement.*

Outre le dimanche de *Quasimodo,* cinq autres dimanches sont pourvus d'un double sermon. Ce sont les quatre *Dimanches de l'Avent,* qui ont leurs sermons spéciaux dans les *Conceptions théologiques sur les quatre Fins de l'Homme,* et le premier dimanche de la *Pentecôte* ou de la *Trinité,* dont un second prône figure dans les *Conceptions théologiques sur l'Octave du Saint-Sacrement.*

IV

La Royale Prestrise, *c'est-à-dire des Excellences, des qualités requises, et des choses défendues aux Prestres. Par M.* Pierre de Besse, *docteur en théologie, aumosnier et prédicateur ordinaire de Monseigneur le prince de Condé. — A Monsieur De Hecre, doyen de Saint-Aignan d'Orléans. — A Paris, chez Nicolas du Fossé, rue Saint-Jacques, au Vase d'Or (1610). — 1 vol. in-8°.*

L'exemplaire que nous possédons est de la réimpression de

1612 ; mais il n'est pas douteux que l'édition originale de cet ouvrage ne soit de 1610. En effet, l'Epître dédicatoire est du 20 décembre 1609, l'approbation du 12 et le privilège du 23 du même mois. Enfin, Vitrac signale, sous la date de *Paris, 1610,* une édition *Des qualités et des bonnes mœurs des prêtres,* qui n'est évidemment pas autre que l'édition originale du présent ouvrage, dont le biographe limousin n'a pas connu le titre exact. Une autre preuve de ce fait, c'est la qualification que donne à l'auteur le titre de 1612, quoique Pierre de Besse fût prédicateur ordinaire du Roi depuis le commencement de l'année 1611, au moins, et qui n'a été conservée que parce qu'elle figurait sans doute sur le titre de l'édition originale de 1610. Quoiqu'il en soit, comme notre exemplaire appartient à une édition *privilégiée,* par conséquent complète et approuvée par l'auteur, nous aurons, en le décrivant, une connaissance exacte de l'ouvrage.

Frontispice gravé *(L. Gauthier, sculpt.)* en forme de retable dont la partie centrale est occupée par le titre que surmonte, à la hauteur de la corniche, l'écusson de Deheere, de... à un chevron accompagné de deux coquilles en chef et d'une étoile en pointe, l'écu sommé d'une crosse. Contre l'un des montants, le grand-prêtre Aaron tenant l'encensoir, et sur le socle au-dessous, ces mots : *Regale sacerdotium;* contre l'autre montant, un Pape, la tiare en tête, tenant d'une main un ostensoir, de l'autre la croix à trois traverses, et au-dessous, sur le socle, ces mots : *Gens sancta.*

Le volume contient 726 pages numérotées pour le texte principal, plus 29 feuillets non paginés pour le titre, l'épître, les sonnets et les quatrains, l'avant-propos, la table des chapitres et l'approbation, et 23 feuillets, aussi non paginés, pour le privilège et la table des matières, en tout 830 pages.

L'épître, datée de Paris, ce 20 décembre 1609 et adressée « à » très noble et très vertueux Mᵉ Nicolas Deheere, aumosnier » du Roy, doyen de S. Aignan d'Orléans et prieur de S. Jean « de Genève, » contient quelques renseignements sur le compte de l'auteur qu'il est bon d'extraire :

« Voilà, dit l'auteur, ce qui vous est dédié comme au plus » bel esprit, à l'âme la plus noble et l'homme le plus judicieux » que j'aye encore peu cognoistre. J'en parle comme sçavant

» et fondé en expérience ; car ayant eu ce bon-heur que d'avoir
» conduit vos premiers ans, et servy de précepteur à celuy que
» j'honore maintenant comme maistre, je recognoissois desjà
» aux bluettes de vos commencements que vous ne seriez
» jamais si tost grand que vostre esprit seroit feu, et les flam-
» mes en seroient grandes. » Il prévoyait déjà que son élève
serait un jour « un grand doyen dans les chapitres, un brave
» prieur sur les cloistres et un noble aumosnier des princes.
» Il ne reste plus pour l'accomplissement de vostre sort et le
» comble de mes souhaits que de vous voir bientôt evesque. »

Plus loin il ajoute : « Que bien heureux soit le jour à jamais,
» où je receus les premiers honneurs qui me menèrent à vostre
» subjection, et l'heure fortunée qui me mit au nombre des
» pilotes de vos estudes. »

Il sera toujours le chantre des mérites de son élève : « Je dis
» des vostres, et de ceux de messieurs vos frères et de toute
» vostre maison ou j'ay esté nourry tant d'années, maison
» honorée de quatre conseillers, d'un père en la grand cham-
» bre, deux enfans aux enquestes, et un gendre si capable.
» Maison appuyée de quatre frères, un en l'Eglise, pour la
» dévotion, deux au Parlement pour la justice, et l'autre, pour
» la valeur, aux armes... Famille de laquelle le chef est mon
» Mecenas en ce monde, mon bonheur et mon tout, auquel
» j'ay plus d'obligations que la mer n'a de sablons, ni le fir-
» mament d'estoilles. Heureuses obligations, qui me rendent
» si glorieux que j'estime plus estre son obligé que si le plus
» grand monarque du monde m'estoit redevable. Aussi je ne
» vis que pour luy, je n'ay contentement qu'à le servir, ni autre
» but que ses commandemens. »

Non content d'avoir célébré sur ce ton dithyrambique, en
prose, les vertus des membres de la famille de Deheere, il les
chante encore en vers, dans des sonnets et des quatrains dont
les extraits suivent :

« 1° A M. Deheere, conseiller en la gran'chambre au Parle-
» ment de Paris. — Sonnet. » Si Dieu descendait sur la terre,
pour y rendre la justice,

Il prendrait d'un Deheere, et le sens et les voix.

2° « A M. M° Nicolas Deheere, aumosnier du Roy et Doyen
» de Saint-Aignan d'Orléans. — Sonnet. »

> ... Qui voudra se rendre plus parfaict
> Il prenne pour patron d'un Deheere l'idée.

3° « A M. M° Claude Deheere, seigneur de Vaudoy et con-
» seiller du Roy en sa cour de Parlement de Paris. — Qua-
» train. »

> Quand le ciel me choisit pour estre précepteur
> De vos premiers essays en ceste belle lyce,
> Je cognoissois desjà qu'un jour en la justice,
> Vous seriez un Phénix, et un grand sénateur.

4° « A M. M° Denys Deheere, seigneur de la Frenoy et
» conseiller du Roy en sa cour de Parlement de Paris. — Qua-
» train. »

> ....
> Je veux estre devin ; et sur vostre fortune
> Pronostiquer qu'un jour vous serez Président.

5° « A Chrystofle Deheere, escuyer, seigneur de Rademont,
« et homme d'armes de la compagnie de monseigneur le Dau-
« phin. — Quatrain. »
Il avait deviné que celui-ci aurait en partage

> De servir un grand Roy et suivre son Dauphin.

Après les vers, vient l'*Avant-propos :* « A Messieurs les Pré-
» lats, Prestres et Religieux de France », signé : « Pierre
» de Besse, Lymosin, Docteur en Théologie en l'Université de
» Paris, ce 22 décembre 1609. »

Puis huit vers latins : « Amicitiæ summa necessitudine sibi
» conjunctissimo Domino Petro Besseo, théologiæ Paris. Doc-
» tori, *Leonard Robinetus, curiæ advocatus Marchiæ Cana-*
» *licus* (1). »

Et un sonnet « à M. de Besse, docteur en théologie, » signé :
Paulmier Crouille.

La table des chapitres.

---

(1) Léonard Robinet de Chéncrailles, avocat au siège de La
Marche.

L'approbation des docteurs en théologie de la Faculté de Paris.

Le corps de l'ouvrage divisé en trois livres :

Livre Ier. *De la Dignité des Prestres.* — II. *Des qualitez des Prestres.* — III. *Des bonnes mœurs des Prestres.*

Le privilège et la table des matières.

RÉIMPRESSIONS.

Le livre de la *Royale Prestrise* eut plusieurs éditions privilégiées et plusieurs contrefaçons. Parmi les premières, nous en signalerons dubitativement une de *1615,* qui ne nous est connue que par un passage du privilège du *Démocrite chrestien,* en date du 18 mars 1615, où il est dit que le sieur de Besse « a de présent mis sur la presse un livre intitulé le *Démocrite* » *chrestien* et *Royale Prestrise,* corrigée de nouveau. »

De ce nombre aussi doit être celle de *Paris 1639,* indiquée par l'abbé Vitrac.

CONTREFAÇONS.

L'abbé Vitrac cite encore une édition de *Lyon, Rigaud 1626,* in-8°, qui appartient indubitablement à la catégorie des éditions non privilégiées:

TRADUCTIONS.

Quant aux traductions de ce livre, nous ne connaissons que la suivante, en latin :

SACERDOTIUM REGALE.

Sive

De { *Sacerdotis eximia dignitate.* *Dotibus ipsi necessariis.* *Ac rebus eidem prohibitis.*

Libri tres, authore, R. D. PETRO BESSEO, *SS. Théol. Doct. Christianissimo Galliarum Regi à Concionibus. Coloniæ Agrippinæ, apud Joannem Kinckium, sub Monocerote, anno M. D C X V.*

La traduction est précédée d'une épître de J. Kinckius, *civis et bibliopola coloniensis,* « *Illustrissimo et Reverendissimo Do-* » *mino, D. Antonio, Episcopo Vigiliarum, S. S. Sedis Apos-* » *tolicæ ad partes Rheni et Germaniæ inferioris cum protes-* » *tate legati de latere nuncio.* »

Puis viennent :

Le sonnet de Paulmier Crouille et les vers latins de Léonard Robinet, de Chénerailles.

Le privilége impérial *(cæsarum)*, en date du 18 juillet 1614.

La traduction, comprenant l'Avant-propos et les trois livres de la *Royale Prêtrise.*

Enfin l'index.

V

CONCORDANTIÆ BIBLIORUM... *Labore et industria M. Petri de Besse emendatæ. — Paris, 1611. —* In-folio.

Nous ne connaissons cet ouvrage que par le titre ci-dessus qui nous est fourni par l'abbé Vitrac. (*Biographie des hommes illustres du Limousin,* p. 66).

VI

L'HÉRACLITE CHRESTIEN, *c'est-à-dire les regrets et les larmes du Pécheur Pénitent, par* M. PIERRE DE BESSE, *Limosin, Docteur en Théologie et prédicateur ordinaire du Roy. — A Monseigneur l'Evesque de Limoges. — Paris, Nicolas du Fossé, 1612. —* in-12°.

1° ÉDITIONS PRIVILÉGIÉES,

Nous donnons ce titre d'après une édition de Rouen, 1623. Le nom du libraire et la date de l'édition originale nous sont fournis : 1° par le privilége du *Démocrite Chrestien* qui mentionne, parmi les ouvrages de Pierre de Besse, dont Nicolas du Fossé avait le privilége, l'*Héraclite Chrestien,* et par l'abbé Vitrac qui signale une édition de ce livre à *Paris, chez du Fossé, 1612,* in-12.

L'édition originale contient un portrait de l'évêque de Limoges, Henri de la Marthonie, et le texte du Privilége que la réimpression, non privilégiée de Rouen, ne renferme pas. Mais il est probable qu'à cela se borne la différence qui existe entre les contenus des deux éditions, et que la description de notre exemplaire (Rouen 1623) suffira pour faire connaître exactement la composition de l'ouvrage.

Disons d'abord que l'abbé Vitrac cite une autre édition privilégiée de *Nicolas du Fossé, Paris, 1615,* in-12.

2° ÉDITIONS NON PRIVILÉGIÉES.

L'édition non privilégiée que nous avons sous les yeux, est de « Rouen, de l'imprimerie de Robert de Rouen, près le collège des R. P. Jésuites, 1623. »

[Les dates de l'Epitre dédicatoire : Paris, 25° jour de juillet 1611 ; et de l'Approbation : 30 juilllet 1611, prouvent assez que l'édition originale est celle de 1612.]

Ce livre comprend :

1° Après le titre, ce sizain, d'une allure très vive et très originale :

A Mgr l'Evesque de Limoges.

Fuyez, mon Prélat, en ce temps,
Les joyes et les passe temps,
Que ce monde pippeur nous file :
Car tous ceux-là sont bien heureux,
Qui des larmes sont amoureux,
A ce que dit nostre Evangile.

2° Puis vient l'épitre : « A Très-Révérend Père en Dieu, Mon- » seigneur Henry de la Martonie, Evesque de Limoges », datée de Paris le 25 juillet 1611.

Depuis longtemps l'auteur nourrissait le dessein d'offrir « quelque chose de son ouvrage..... au chef du pays d'où il » tiroit son origine, et au gouverneur spirituel du lieu de sa » naissance. »

Il s'empresse de saisir l'occasion qui se présente de rendre hommage au prélat dont les vertus et la famille ont illustré le Limousin et le Périgord, et son admiration se traduit par les éloges les plus hyperboliques. Prudence, respectabilité, piété, éloquence, toutes les grandes qualités qui font le grand évêque, se trouvent réunies chez Mgr de la Marthonie. L'auteur ne peut retenir son enthousiasme : « Vous êtes le plus » heureux en vos rencontres, le plus discret en vos discours, le » plus civil en vos actions, le plus prudent en vos affaires, le » plus facile en vos imaginations, le plus ferme en vos adver- » sitez, le plus retenu en vos prospéritez, et le plus noble en » toutes choses qui se puisse, peut-estre, trouver au monde. Je » dis tout cela forcé de la vérité, et non pas emporté du vent » de quelque flatterie. »

3º Un sizain, l'*Héraclite Chrestien,* et un quatrain « aux lecteurs. »

4º Le texte de l'*Héraclite* divisée en deux parties, la 1ʳᵉ « contenant les *regrets* du pécheur pénitent, » et la 2ᵉ « contenant les *larmes* du pécheur pénitent » ; chaque partie est distribuée entre six chapitres dont chacun est précédé d'un sizain en vers français.

5º *L'Approbation* des Docteurs en Théologie de la Faculté de Paris, en date du 30 juillet 1611.

6º La *Table* des matières.

(Notre exemplaire ne contient pas le texte du *Privilège,* qui ne se trouve que dans les éditions privilégiées).

Le volume contient, au commencement et à la fin, 38 feuillets non paginés, et 495 pages numérotées pour le corps de l'ouvrage.

3º TRADUCTION LATINE.

Le privilège du *Démocrite Chrestien* (18 mars 1613), constatait que l'*Héraclite Chrestien* du sieur de Besse, de même que toutes les autres œuvres, avaient été imprimées en Allemagne, en latin, qu'on y avait fait des changements, des coupures et des additions, « adjousté et tout perverty l'ordre, méthode et » intention de l'autheur, s'y estant mesmes glyssé et passé » plusieurs grandes fautes et erreurs au détriment et scandale » du dit autheur, les ayant aussi imprimées de meschant papier » et impressions et petits caractères, pour les faire vendre et » débiter à meilleur marché que celles qui ont été imprimées » par le dit du Fossé, suivant l'intention de l'autheur, à son » préjudice et à la ruyne totale du dit du Fossé, pour les grands » frais qu'il luy a convenu et convient faire pour l'impression » des dits livres, au préjudice des privilèges obtenus par ledit » du Fossé. »

Nous possédons un exemplaire de cette traduction latine, dont voici la description :

HERACLITUS CHRISTIANUS, *hoc est Peccatoris pœnitentis Suspiria, Lachrymæ, authore* R. D. M. PETRO BESSEO, SS. *Theol. Doctore, Regi Christianissimo Galliarum a Concionibus. Latine traductus, studio MM.* — *Coloniæ Agrippinæ apud Joannem Kinckium, sub. Monocerote, anno M DC. XV. Cum Privilegio S. Cæs. Majest. Speciali.*

Le volume contient :

1º Une épitre latine : « Reverendissimo in Christo Domino

» D. Jacobo a Castro, Ecclesiæ Ruremondensis episcopo, vigi-
» lantissimo, » signée « Joannes Kinckes, civis et bibliopola
» Colon ; » et datée « Coloniæ Agrippinæ, ex officina nos-
» tra pridie annunciat. B. V. M. anno M. DC. XIV. »

2° Une adresse : « Benevolo Lectori, » fort courte, de deux pages seulement, qui doit être une traduction de l'avertissement au lecteur qui manque dans notre exemplaire.

3° *Index Capitum*.

4° Un portrait d'Héraclite qui doit se trouver dans les éditions privilégiées, et qui est reproduit d'après la gravure de L. Gaultier, quoique la signature de l'artiste ne se trouve pas apposée au bas de la planche : irrégularité d'ailleurs fort explicable, puisque cette gravure n'est qu'une contrefaçon. Au-dessous du portrait, un quatrain en vers latins.

5° L'*Index Rerum*.

6° Le texte de l'Héraclite, divisé comme dans l'édition française, en deux parties, comprenant chacune six chapitres. Les sizains français sont remplacés par des quatrains latins.

7° L'approbation des docteurs de Paris, du 30 juillet 1611.

8° L'approbation de la traduction, en date du 18 mars 1614, signée « Henr. Francken, Siestorpffius, SS. Théol. D. Gymm. » Laurent. Reg. librorum Censor. »

La date de l'Epître dédicatoire du traducteur, 24 mars 1614, et celle de l'approbation de la traduction, 18 mars 1614, comparée à la date du privilège du *Démocrite chrétien*, 18 mars 1615, dans lequel il est déjà fait mention d'une traduction latine de l'Héraclite, imprimée en Allemagne, me font supposer avec toute vraisemblance, qu'avant l'édition de 1615, la traduction avait été déjà imprimée, en 1614, et que cette dernière date est celle de l'édition originale de la traduction latine de l'Héraclite.

<h2 style="text-align:center">VII</h2>

Conceptions théologiques sur l'octave du saint-sacrement et *principales Festes depuis Pasques jusqu'à la Toussainct. Preschées en divers lieux par M° Pierre de Besse, limosin, docteur en théologie et prédicateur ordinaire du Roy. — A Paris, chez Nicolas du Fossé, rue Sainct-Jacques, au Vase d'Or, 1614. — 1 vol. in-8°.*

Cette édition est l'édition originale. La date de l'Epître dédicatoire, *34 (sic), may 1614,* et celle de l'approbation, *4 mars*

1614, le prouvent suffisamment. Le privilége n'est pas aussi significatif, quoiqu'il soit du *7 mai 1614*, parce qu'il s'étend à toutes les œuvres de Pierre de Besse, sans mentionner d'une façon spéciale et comme un livre nouveau les *Conceptions sur l'Octave du Saint-Sacrement.*

Le frontispice gravé est signé : *L. Gaultier incidit, 1614.* Cette dernière date est la seule qui figure sur le titre, le libraire n'ayant pas jugé nécessaire de la reproduire à la suite de son nom personnel. En face de la signature du graveur, cette mention : *Avec privilége du Roy.*

Le titre est encadré dans un retable dont le couronnement ou la frise, de forme, non plus triangulaire, mais rectangulaire, représente la Cène. Sur les montants, six médaillons : d'un côté, la *Pentecôte,* saint Mathieu et saint Luc ; de l'autre, l'*Assomption,* saint Marc et saint Jean. L'emblème de P. de Besse, *Septimus impar*, est à la base du titre ; et la plinthe est occupée, d'un côté, par la marque du libraire, le vase incliné, de l'autre par un emblème que je ne sais expliquer.

Puis vient l'Epitre dédicatoire : « A haut et puissant Seigneur, messire Philibert de Pompadour, vicomte du dict » lieu, baron de Bret, Treinhac, Saint-Cire, la Roche, etc. » datée « de Paris, en vostre collège de Chanac et Pompadour, » dit de Sainct-Michel, 31 may 1614. »

Elle débute ainsi :

« Monseigneur,

» Cet ouvrage croit qu'estant conceu sous un air Lymosin, » né dedans vostre collège, poly au milieu de Paris, revestu » du langage que parlent les seigneurs de vostre sorte, et dressé » pour publier la grandeur des principaux mystères de la foy, » et les merveilles de la vie et de la mort des plus grands « saincts de nostre Eglise, il aura l'honneur de trouver part en » vos faveurs, et estre receu de vous comme vostre, par les » droicts de sa naissance et par ceux de sa principale entre- » prise. »

L'auteur n'hésite pas à placer sous les auspices de son bienfaiteur un livre de théologie, parce qu'il sait que M. de Pompadour a hérité « de la piété, dévotion et honorable vie » de ses ancêtres.

« Car qui ne sçait les vies et les sages déportements de ces

» anciens, mais si braves et généreux vicomtes, vos devan-
» ciers, qui ont toujours tenu et soustenu l'estat et la religion
» par indivis, les lettres et les armes en contrepois, la valeur
» et la vertu en balance, et les paroles et les effects en para-
» lelle ? Qui ne sçait les prouesses, les actions louables et le
» reste des merveilles de ce merveilleux Geoffroy et de ce
» grand Louys de Pompadour, vostre père et ayeul, sans par-
» ler d'une infinité d'autres, tous soleils de vostre maison,
» petits Césars dans le pays et grands Hercules dans le royau-
» me ? Mais qui ne sçait (s'il n'ignore toutes choses) le lustre
» de vostre nom, la noblesse de vostre estre, la grandeur de
» vostre maison, et les grandes alliances qu'elle a eu avec les
» plus hautes et plus illustres maisons de ce royaume ?

» Qu'on recherche dans la vie des grands seigneurs, hom-
» mes illustres et vaillants capitaines, que l'histoire du temps
» passé présente à nos yeux environnée d'honneur et couron-
» née de lauriers, tout ce qu'il y a eu d'éminent en quelque
» vertu que ce soit, de prodigieux en courage, de singulier en
» prudence, de rare en piété, de merveilleux en prouesse, de
» souverain en bonté et d'admirable en toutes choses, on trou-
» vera tout cela gravé sur le portail de Pompadour et taillé
» sur le frontispice de la vie de vos ancestres. Le Lymosin le
» sçait, la Guyenne le confesse, la France le recognoist, et
» tout le monde qui en a veu les expériences, en publie aussi
» les actes, les preuves et les merveilles.

» Outre six grands prélats, en qualité d'évesques que l'E-
» glise gallicane conte entre ses plus braves et capables pon-
» tifes, sortis de vostre maison, ceste fameuse université de
» Paris, nourrisse des bons arts, pépinière des beaux esprits,
» arsenal des lettres et source de toutes sciences, en rend un
» particulier tesmoignage ; et, loüant le zèle et la dévotion de
» vos majeurs, les loüera et bénira à jamais, comme ses bien-
» faiteurs et comme fondateurs d'un de ses plus anciens col-
» lèges. Je parle du collège de Chenac et Pompadour, dit de
» sainct Michel, vieille et ancienne marque de la piété de vos
» vieux pères, preuve de leur affection envers le public, et tes-
» moignage de l'honneur qu'ils portoient aux bonnes lettres.
» Collège duquel il vous a pleu me donner le gouvernement
» et la conduite en qualité de principal, et où je vis, il y a

» plus de vingt-cinq ans, à vostre solde. Collège pauvre à la
» vérité et petit en moyens, mais grand et riche en honneur et
» réputation, ayant esté l'eschole de tant de beaux esprits, le
» refuge des pauvres escholiers du Lymosin, le Parnasse des
» muses de la province, la retraite de tant de grands et si sçavants personnages, et le lieu sacré où se sont faictes, il y a
» près de trois cens ans, et continuent encore tous les jours
» tant de belles dévotions et si sainctes prières pour le bien de
» vostre prospérité et le repos des âmes de vos ancestres. »

Il part de là pour faire l'éloge de son bienfaiteur en qui revivent toutes les vertus des anciens fondateurs du collège de
Chanac. « De là gaignant pays et passant de vos loüanges à
» ma justification, j'employe ce discours et le vous adresse
» tout à dessein, pour vous porter parole que, me souvenant
» des afflictions passées, j'ay regretté mille fois mon mal'heur,
» et despité extrêmement la rigueur de ma fortune qui vous a
» voulu rendre suspecte la sincérité du service que je vous
» dois. Mes ennemis vous avoient donné cet ombrage de mes
» fidèles affections, bien qu'elles fussent autant véritables que
» les dévotieuses volontez de mon cœur les vous avoient sainc-
» tement vouées. Mais vous n'avez deu et ne devez encore non
» plus révoquer en doute l'éternité de mon service que l'im-
» mortalité de mon âme. Mon intention n'a jamais contribué
» aux faux rapports qu'on vous avoit donné à entendre. Tout
» l'honneur et l'ambition où j'aspire n'est que de me voir capa-
» ble de la réception de vos commandements, et jamais je
» n'eus rien en si grande recommandation que le bien de vostre
» service, ny rien que j'affectionne davantage que de vous voir
» recognoistre dans le tableau de mon innocence que la mes-
» disance est meurtrière de l'honneur, le fléau des gens de
» bien, le supplice des innocents, la trompette de calomnye et
» la semence de divorces. A cela tend en particulier ceste
» décharge de mon cœur, et cette trame de mon discours que
» je vous présente. »

L'Epître dédicatoire est suivie d'un *Advis au Lecteur*, et de
la *Table des sermons*.

Puis vient le texte des sermons eux-mêmes, au nombre de
vingt, savoir : pour le jour de Saint-Marc, pour le jour de l'As-
cension, de la Pentecôte, pour le lundy et le mardy de la Pen-

tecôte, pour le jour de la Trinité, pour le jour du Saint-Sacrement (huit sermons pour ce jour-là), pour les jours de : Saint-Jean-Baptiste, SS. Pierre et Paul, de l'Assomption, de la Nativité de la Sainte-Vierge, de Saint-Michel et de Saint-Luc.

Le volume se termine par :

L'*Approbation* des docteurs de la Faculté de théologie de Paris, en date du 4 mars 1614 ; le *Privilège,* accordé à Nicolas du Fossé, en date du 7 mai 1614 ; et la *Table sommaire des Matières.*

Il comprend 768 pages numérotées pour le texte des Sermons et de l'Approbation, 12 feuillets non paginés pour le titre, l'Epître, l'Advis au lecteur et la Table des sermons, et 20 feuillets non paginés pour la Table des matières.

ÉDITIONS NON PRIVILÉGIÉES.

Je ne connais pas d'autre édition *privilégiée* de cet ouvrage, mais l'abbé Vitrac cite deux contrefaçons :

De Pont-à-Mousson, chez [Melchior] Bernard, 1614 et 1626, in-8°.

VIII

Le Démocrite chrestien, *c'est-à-dire le mespris et mocquerie des vanités du Monde, par* M. Pierre de Besse, *lymosin, docteur en théologie et prédicateur ordinaire du Roy. — A Paris, chez Nicolas du Fossé, rue Saint-Jacques, au Vase d'Or, 1615.* — 1 vol. in-12 avec encadrements.

L'Epître est datée du 15 mars 1618 ; mais il y a là une erreur typographique, car l'approbation est du 15 avril 1615, et le transport de ce privilège au libraire, du 12 avril 1615. Enfin le titre porte la date de 1615, et nous verrons qu'une traduction latine de cet ouvrage avait été déjà imprimée à Cologne, dans les premiers jours de l'année 1616. Il n'est donc pas douteux que notre édition ne soit l'édition originale.

Le frontispice, comme ceux des précédents ouvrages de l'auteur, est gravé par Gaultier. Il figure, comme ceux-ci, une espèce de retable, dont la frise rectangulaire supporte, au milieu, la boule du monde placée dans une calotte de fou entre deux enfants qui soufflent des bulles de savon. Le titre occupe le centre du retable, contre les montants duquel se dressent, d'un côté, la statue du roi Salomon, foulant aux pieds des drapeaux, des couronnes, des sceptres, des vases précieux, de l'autre, la statue de saint Paul, foulant aux pieds, des vases et des sacs d'or, et tournant les yeux vers la nue qui lui crie : « *Saule, Saule, quid me persequeris.* » Sur les socles, au-dessous du roi Salomon, ces mots : *Vanitas vanitatum, etc. Eccles. 7*, et plus bas l'emblème de Pierre de Besse, *Septimus impar ;* vis à vis, ces mots : « *Omnia arbitror ut stercora. Philip. 3.* » Et plus bas, la marque du libraire Nicolas du Fossé, le vase incliné. Enfin, vis à vis de la signature *L. Gaulthier incidit,* la mention : *avec privilège du Roy.*

Après le titre, l'Epitre dédicatoire : « A Monseigneur Mes-
» sire Antoine Seguier, conseiller du Roy en ses conseils,
» d'Estat et privé, et président en sa Couur (*sic*) le Parlement
» de Paris. » Datée de Paris, ce 15 jour de mars 1618 (*sic*)
(1615).

La vertu « rend les personnes qui la possèdent aymables,
» encore qu'elles ne nous soient point mesmes cogneues. Mais
» elle faict bien d'autres merveilles : elle a des saillies toutes
» divines, et s'estendant pres et loing, elle ravit nos cœurs et
» gaigne nos affections, pour faire chérir et honorer non seule-
» ment les absens, mais ceux encore qui sont au-delà de nostre
» cognoissance. Outre le train commun de l'expérience et le
» jugement universel des hommes là-dessus, j'en puis rendre
» un particulier tesmoignage. Car n'ayant jamais eu l'honneur
» de vous approcher, ny le bon-heur de vous cognoistre autre-
» ment que par l'éclat de vos vertus et la réputation de vos
» mérites, je suis néanmoins contrainct de vous priser avec
» les sages, vous loüer avec les sçavans, vous aymer avec les
» bons et vous admirer avec tout le monde qui vous admire. »

C'est la force de cette attraction qui a poussé l'auteur à pla-
cer son *Démocrite* sous la protection du Président. Le reste de l'épitre n'est qu'un panégyrique en règle de la famille et de la personne du président Antoine Séguier, dont l'illustration et les vertus sont chantées sur un ton tout à fait dithyrambique.

Puis vient un « Advertissement au Lecteur » exposant le sujet de l'ouvrage.

Deux sonnets : l'un, à M. de Besse, Docteur en Théologie, signé N. C., l'autre à M. de Besse.

Le portrait de Démocrite, gravé par Gaultier, et signé *L. Gaultier incidit 1615,* avec un quatrain au-dessous.

Enfin le texte même du *Démocrite,* divisé en quinze chapitres, précédés, chacun, d'un sizain en vers français.

Le volume se termine par :

L'*Approbation* des Docteurs en Théologie de la Faculté de Paris, en date du 15 avril 1615 ;

Le *Privilége du Roy,* accordé à Pierre de Besse, Dʳ en Théologie, Cʳ *et Prédicateur ordinaire de nostre bien-aymé cousin, Henry de Bourbon, prince de Condé ;* (le titre lui donne pourtant la qualité de *Prédicateur ordinaire du Roy),* le 18 mars 1615;

Le transport de privilége consenti par P. de Besse à Nicolas du Fossé, libraire ordinaire de Monseigneur le Prince de Condé en date du 12 avril 1615;

Enfin par la Table des matières.

Ce volume contient, en tête, 18 feuillets non paginés, pour les préliminaires, jusqu'au texte du Démocrite, et 628 pages numérotées pour le reste de l'ouvrage, y compris la table.

Je ne connais pas d'autre édition privilégiée, ni aucune contrefaçon de cet ouvrage ; mais seulement une traduction latine que je vais décrire.

TRADUCTION LATINE.

Democritus Christianus *id est Contemptus Vanitatum mundi, Authore D. Petro Bessæo Lemovice, S. T. D. et Regi galliarum a concionibus, in latinum nuper sermonem conversus studio et opera M. M. — Coloniæ Agrippinæ apud Joannem Kinckium sub Monocerote, anno M. DC XVI.* — Pet. in-8°.

Au dessus de l'adresse du libraire, se trouve une réduction du frontispice de L. Gaultier, gravé pour l'édition originale du *Démocrite chestien.*

Le retable est supprimé, et, entre les deux statues du roi Salomon et de saint Paul, est placé le globe du monde enveloppé dans la calotte de la folie, et sur ce globe est assis un enfant qui souffle des bulles de savon.

Le volume débute par une épitre latine de « Joannes Kinckius,
» civis ac bibliopola coloniensis, » datée *7 non. februar. anni*
1616 et adressée « admodum reverendo ac clarissimo viro, D.
» Hieronymo Saraceno, I. V. D., Reverendissimi ac illustris-
» simi Domini D. Antoni, Episcopi Vigiliarum, S. Sedis Apost.
» ad partes Rheni et Germaniæ inferioris cum potestate Legati
» de Latere etc., Nuncii, auditori, domino suo honorando. »

Puis vient l'avis « Benigno lectori » qui n'est que la traduction de l'Avertissement au Lecteur de l'édition française.

« *L'Index capitum hujus libri.* »

» *L'Index rerum sive materiarum.* »

Le portrait de Démocrite, reproduction exacte de la gravure
de L. Gaultier, mais sans le nom de l'artiste, qui ne se trouve
pas non plus, au titre, dans la réduction du frontispice. Le
quatrain français est remplacé par un double distique latin.

Enfin le texte du Démocrite lui-même, divisé, comme l'original français, en quinze chapitres, précédés chacun d'un sizain
latin.

IX

Psalterium Davidicum *paraphrasibus illustratum, servata*
ubique ad verbum D. Hieronymi translatione Raynerio Snoy-
gondano autore, Petro *que* de Besse, *Doctore Parisiensi cor-*
rectore; adjectum est Magni Athanasii opusculum in Psalmos.
— Parisiis apud viduam Johannis Petit-Pas, Via Jacobæa,
sub scuto Venetiarum. 1646. — 1 vol. in-12.

Tels sont le titre et la date de l'exemplaire que nous possédons. Mais cette édition est loin d'être l'originale ; elle ne sort
même pas des presses de l'imprimeur privilégié, car elle est
dépourvue de privilège. Mais la date de l'Epître dédicatoire,
5 juillet 1617, et celle de l'Approbation, 10 juin 1617, nous
permettent de fixer à l'année 1617 la date de l'édition originale,
qui dut être publiée, comme les précédents ouvrages de l'auteur, chez le libraire Nicolas du Fossé.

Quant à la composition du livre, notre exemplaire la fait
connaître d'une manière très suffisante.

L'Epître dédicatoire, en latin, datée « Lutetiæ Parisiorum,
» die 15 julii anno Domini 1617, » est adressée « Nobilissimis,

» amplissimisque Dominis, D.D. Claudio et Dionysio Deheere
» fratribus, in supremo Galliarum senatu senatoribus integer-
» rimis et æquissimis, » les anciens élèves de l'auteur, les
frères du doyen de Saint-Aignan d'Orléans auquel Pierre de
Besse avait déjà dédié son livre de la *Royale Prestrise.*

L'ouvrage qu'il remet en lumière avait cessé depuis longtemps d'être réimprimé ; aujourd'hui il va prendre un nouvel
essor et faire le tour du monde. Du reste, il mérite bien ce
succès, par l'excellence de la paraphrase de l'ancien commentateur, homme incomparable, tel qu'il n'en a jamais existé, et
qu'il n'y en aura pas à l'avenir qui puisse lui être égal.

Disons en passant que ce fameux commentateur, le *Snoy-
gondanus* du titre, était un hollandais nommé Régnier Snoy,
né à Gonda en 1477, mort dans cette ville le 18 août 1537, et
que son livre du *Psalterium Davidicum* avait paru à Cologne,
pour la première fois (?) in-12, en 1536.

Une des raisons qui ont déterminé Pierre de Besse à dédier
cet ouvrage, remanié par lui, aux conseillers Deheere, c'est
que léur famille était, comme le paraphraste, originaire de la
Belgique. Il part de là pour exalter les illustrations de cette
maison, le père d'abord mort aujourd'hui, *son généreux Mé
cène,* et les quatre fils qu'il a laissés.

La part qui revient à l'éditeur dans cette nouvelle réimpression, c'est d'avoir rendu plus claire et plus accessible à tous
le travail de l'ancien commentateur.

Après l'Epître vient :

« Prologus Raynerii Snoygondani in Psalterium Davidi-
» cum. »

« Approbatio doctorum facultatis theologiæ Parisiensis,
» data die 10 julii anno 1617. »

Une planche gravée, signée *Picart incidit,* représentant le
roi David debout, jouant de la harpe, au-dessous d'une nuée
dans laquelle trônent les trois personnes de la sainte Trinité,
Dieu le père, la tiare en tête, Dieu le fils, tenant la croix, et
l'Esprit-Saint sous la forme d'une colombe.

Puis le texte du *Psalterium,* et à la fin de ce texte :

Catalogus Psalmorum.

Catalogus Autorum.

Le volume contient : 1° 22 pages numérotées pour le titre,

l'épître et le prologue, 1 feuillet non paginé pour l'approbation et la gravure, 671 pages numérotées pour le corps de l'ouvrage et 4 feuillets non numérotés pour les catalogues.

L'abbé Vitrac cite une autre édition de Paris, veuve Petit-Pas, 1624, in-12.

X

CONCEPTIONS THÉOLOGIQUES SUR TOUTES LES FÊTES DES SAINTS ET AUTRES SOLENNITÉS DE L'ÉGLISE.

L'abbé Vitrac [*Biogr. des Homm. ill. du Lim. 66*] signale plusieurs éditions de cet ouvrage que nous ne connaissons pas autrement :

Paris, [Nicolas] Du Fossé 1618. — 3 vol. in-8°.

Cette édition doit être l'édition originale, puisque dans les privilèges accordés antérieurement, et jusqu'en 1617, à Nicolas du Fossé, pour les autres ouvrages de Pierre de Besse, il n'est pas fait mention de celui-ci. Dans tous les cas, cette édition était privilégiée, Nicolas du Fossé étant le libraire attitré de Pierre de Besse.

Rouen, Petit-Val. —1628.

Lyon, Rigaud. — 1628. 2 vol. in-8°.

Ces deux dernières éditions sont des contrefaçons de l'édition privilégiée.

XI

LE TRIOMPHE DES SAINTES ET DÉVOTES CONFRÉRIES. — *Paris, Du Fossé, 1619. — In-12.*

Nous devons l'indication de ce titre incomplet à l'abbé Vitrac, et d'après la date et le nom du libraire, nous pouvons affirmer que cette édition était originale et privilégiée en même temps.

XII

LA PRACTIQUE CHRESTIENNE POUR CONSOLER LES MALADES ET ASSISTER LES CRIMINELS QUI SONT CONDAMNÉS AU SUPPLICE, *nécessaire à tous pasteurs, curés, vicaires et autres ayants charge d'âmes par M° PIERRE DE BESSE, docteur et syndic de la Faculté de Théologie de Paris et Prédicateur ordinaire du Roy. — Paris, Nicolas du Fossé 1624. — 2 tomes en 1 vol. in-8°.*

Nous n'avons pas vu d'exemplaire de cette édition dont l'exis-

tence nous est attestée par les dates, de l'épître dédicatoire et
de l'approbation, 23 et 1er août 1624, et confirmée par une indication de l'abbé Vitrac qui le cite dans un article sur Pierre de
Besse. Mais à l'exception du privilége qui y manque, l'exemplaire que nous allons décrire — exemplaire appartenant à une
impression non autorisée, — doit offrir la plus grande confor-
mité avec l'édition originale et privilégiée, puisqu'il a emprunté à cette édition jusqu'à son frontispice, portant la mention du privilége royal, la signature du graveur et la marque
du libraire Nic. du Fossé.

C'est d'après cet exemplaire que nous avons reproduit le
titre placé en tête de cet article. Il suffit d'indiquer le nom de
l'imprimeur et le lieu de l'impression.

A Rouen, chez Jean de la Mare, aux degrez du Palais.

Le titre ne porte pas de date, mais le volume se termine par
cette mention: « Achevé d'imprimer le 26 de mars M. DC. XXXVII, »
et sur le frontispice, la signature du graveur est suivie de cette
même date de 1637.

Comme tous les autres frontispices de L. Gaultier, du
moins ceux qui ornent les œuvres de Pierre de Besse, celui-ci
présente une espèce de retable, dont le centre est occupé par
le titre, la frise, par une scène religieuse, le jugement dernier,
où l'on voit une âme personnifiée par un petit homme tout nu,
à genoux aux pieds de la Vierge qui la présente au Sauveur,
tandis que de l'autre côté un ange pèse d'autres âmes dans une
balance. La scène se passe dans le ciel. Les montants sont
occupés par quatre petits cadres dans lesquels sont représentés
d'un côté la confession d'un malade, et l'administration du
Saint-Viatique, avec l'emblème de l'auteur, les 7 ruches et la
devise *septimus impar* sur le socle; de l'autre côté deux criminels dans une prison, assis sur des bancs de pierre et enchaî-
nés, l'un par les pieds, l'autre par les mains réunies derrière
le dos, et plus bas la confession d'un condamné, enfin le vase
incliné, marque du libraire Nic. du Fossé, sur le socle. Et sur
la plinthe la mention : *« Avec privilège du Roy »* et la signature *« L. Gaultier incidit, 1637. »*

Le livre débute par une épître, datée de Paris, ce 23 jour
d'aoust 1624 et adressée « à Monseigneur l'Eminentissime Duc
» de Richelieu. » Cette épître ne fournit aucun détail intéres-

sant pour la biographie de notre auteur ; elle ne laisse pas même soupçonner les relations qu'il pouvait avoir avec le grand cardinal, dont elle exalte les mérites avec la pompe accoutumée.

L'avis au lecteur, qui vient après, offre au contraire quelques renseignements utiles que nous allons relever. L'auteur déclare, dans son langage imagé, que les conseils qu'il va donner sont le fruit de sa propre expérience. « Car pour l'aage où » je suis, qui va dans le cinquante et sixiesme an, et la longue » expérience que je puis avoir acquise y ayant employé plus » de la moitié (de son âge) à faire cette exercice, j'en puis parler » comme sçavant et en apprendre quelque chose aux autres. »

Et plus loin : « Puis donc que j'ay porté, il y a plus de vingt- » cinq ans, toutes ces honorables qualitez (de prêtre), et qu'en » soigneux laboureur j'ay travaillé en la vigne de Dieu... J'ay » conduit longuement, mais toujours heureusement, la barque » d'une grande paroisse, dans le premier diocèse de ce » Royaume, je puis avec honneur et sans reproche traitter les » autres sur ce suject, en dire mon advis, et dresser des ensei- » gnements, pour apprendre aux plus novices les moyens sou- » verains pour s'acquitter dignement de telles charges. »

Après l'avis au lecteur, l'approbation des docteurs en théologie de la Faculté de Paris, en date du 1er août 1624 dans laquelle Pierre de Besse est qualifié *sindic de ladite Faculté*.

Puis l'Advertissement à Messieurs les pasteurs, curés et vicaires de l'Eglise de Dieu.

Enfin le texte de la *Pratique chrestienne* divisé en deux parties, formant deux tomes, chacun avec une pagination différente : la première partie contenant les livres I à IV, la seconde, les livres V à IX.

Le volume contient :

Ire Partie : 1° 16 feuillets non numérotés pour le titre, l'épître, l'avis au lecteur et l'approbation des docteurs ; 2° 544 pages pour l'avertissement aux pasteurs, et les quatre premiers livres de la *Pratique Chrestienne* ; 3° 8 feuillets non paginés pour la Table des livres et chapitres et la Table des matières principales du tome Ier.

IIe Partie. — 498 pages pour les cinq derniers livres de la

Pratique Chrestienne, et 11 feuillets non paginés pour la Table des livres et chapitres et la « Table des choses plus mémorables contenues en la seconde partie. »

L'abbé Vitrac cite une autre édition, probablement du même libraire, Jean de la Mare, de Rouen 1637 ; et une contrefaçon de Lyon, Rigaud, 1638.

Enfin une seconde édition privilégiée de [Nicolas] Du Fossé, Paris, 1629, in-8°.

XIII

Le bon pasteur... — *Paris, 1639, in-8°.*

Tel est le titre incomplet du dernier et plus récent ouvrage de P. de Besse que signale l'abbé Vitrac. Mais il est très possible que la liste de ces ouvrages ne s'arrête pas là et que quelques-uns aient échappé aux recherches du zélé biographe limousin.

Aug. BOSVIEUX.

NOTICE BIBLIOGRAPHIQUE

SUPPLÉMENT

M. Auguste Bosvieux, ancien élève de l'école
des Chartes, successivement archiviste de la
Creuse, du Lot-et-Garonne, et juge à Schlestadt,
a laissé, en mourant, une riche collection d'ouvrages limousins. Bibliophile éclairé, archéologue
érudit, initié à l'histoire de son pays, ses livres
étaient pour lui de précieux instruments d'étude et
de travail. S'il n'a publié que quelques notices peu
importantes, ses ouvrages manuscrits, ses notes,
ses copies de pièces, ses recueils de documents
sont considérables. Il les a généreusement légués
aux archives départementales de la Haute-Vienne,
où ils forment un fonds spécial.

C'est dans ce fonds Bosvieux que nous avons
trouvé tous les éléments de la notice bibliographique qu'on vient de lire sur le célèbre prédicateur
Pierre de Besse. Nous n'avons rien changé à l'œuvre de M. Auguste Bosvieux, qui nous a paru digne d'être publiée telle qu'elle était ; le travail qui
nous est propre a consisté uniquement dans la
coordination et le classement méthodique des matériaux assemblés par l'ancien archiviste de la
Creuse.

Un certain nombre d'éditions des œuvres de
Pierre de Besse ayant échappé à M. Bosvieux, il
nous a semblé utile de les mentionner. Nous en
avons fait l'objet de cette notice supplémentaire.

I

CONCEPTIONS THÉOLOGIQUES SUR LE CARESME.

1° Editions françaises.

Dans son *Manuel du Libraire,* Brunet mentionne une édition de Lyon, 1615, qui a échappé à M. Auguste Bosvieux.

Il a été fait encore à Lyon, en 1631, une nouvelle édition de ce carême qui n'est que la copie de celle de 1629.

Les sermons pour les dimanches de Carême et le jour de Pâques ont été réimprimés textuellement dans le recueil qui a pour titre : *Conceptions théologiques sur tous les dimanches de l'année.*

2° Traductions latines.

Voici, d'après l'exemplaire que nous possédons, le titre de la traduction latine publiée à Cologne par Kinckius :

CONCIONES SIVE CONCEPTUS THEOLOGICI, AC PRÆDICABILES IN OMNES QUADRAGESIMÆ AC PASCHATIS DOMINICAS, AC FERIAS, *figuris allegoriis, similibus ex sacris profanisque scriptoribus plenissimi, cum occurentium fidei controversiarum tractatione, Authore R. D.* PETRO BESSEO *S. S. theol. Doctore, Regis christianissimi Galliarum, etc. oratore. Hac editione emendati et aucti indice quadruplici : in quo etiam quidquid in dominicarum evangeliis totius anni, atque SS. occurrit, affatim hauriri potest. Studio M. M. Coloniæ Agrippinæ, apud Joannem Kinckium, sub monocerote. Anno M.DC.XIII.*

Un volume petit in-8° de 50 pages non chiffrées et 899 pages chiffrées. L'épitre dédicatoire à Georges Braun est datée de Cologne, le 12 des calendes d'avril 1611 ; elle est suivie de deux pièces de vers latins, la première en l'honneur de Besse et la seconde à la louange de son ouvrage.

On remarquera que cette édition est de 1613 et non de 1612 comme M. Bosvieux l'a indiqué par erreur.

Nous avons relevé sur un catalogue de Romagnoli, libraire à Bologne (juin 1880), une seconde traduction des sermons de Carême de Pierre de Besse. En voici le titre :

Conciones sive conceptus theologici prædicabiles in omnes qua-dragesimæ et paschatis dominicas ac ferias. *Venetiis, 1614.* — in-8°.

Nous pouvons signaler encore, d'après un catalogue de De-michelis, libraire à Paris (octobre 1857), une réimpression du Carême traduit en latin, dans l'ouvrage intitulé :

Conceptuum prædicabilium nucleus aureus, in omnes dominicas anni et evangelia festorum, ferias item adventus et quadra-gesimæ, *opere et studio* And coppensteinii, *ordinis Pr. enu-cleatus. Col., 1712. —* In-4°.

II

Conceptions théologiques sur les quatre fins de l'homme.

1° *Editions françaises.*

M. Auguste Bosvieux n'a pas connu une seconde édition de cet ouvrage donnée à Paris en 1615 par Nicolas du Fossé.

Nous en reproduisons le titre d'après l'exemplaire de notre bibliothèque :

Conceptions théologiques sur les quatre fins de l'homme, *pres-chées en un advant l'an 1605, par* M. Pierre de Besse, *doc-teur en théologie, aumosnier et prédicateur ordinaire de Monseigneur le Prince de Condé. A Monseigneur l'Evesque de Paris. A Paris, chez Nicolas du Fossé, rue Saint-Jacques, au Vase d'Or. 1615.*

Un frontispice, gravé par L. Gaultier, représente saint Pierre et saint Paul ; au-dessus deux anges tiennent un écusson.

Le volume commence par le quatrain suivant, à Monseigueur l'Evesque de Paris :

> Lisez ces quatre fins, Prélat dévotieux,
> Par elles vous aurez une gloire infinie :
> Leur mémoire ne soit de vostre ame bannie,
> Elles s'offrent à vous, et vous offrent les cieux.

Au recto de la page qui porte ce quatrain, se trouve le portrait d'Henri de Gondy, évêque de Paris.

L'approbation des docteurs est de 1610 et le privilége du 1er août 1611. L'ouvrage ne forme qu'un seul volume de 680 pages chiffrées et 55 pages non chiffrées ; il comprend les mêmes dédicaces, pièces de vers et avis au lecteur que l'édition de 1606.

2° Traductions latines.

La traduction latine donnée à Cologne par le libraire Kinckius, en 1613, et décrite par M. Bosvieux, n'est pas la seule. Nous avons trouvé sur un catalogue de Scheuring, libraire à Lyon (août 1878), une traduction imprimée à Venise. En voici le titre d'après ce catalogue :

CONCIONES SIVE CONCEPTUS THEOLOGICI SUPER QUATUOR HOMINIS NOVISSIMIS, *qualia sunt, Mors, extremum Judicium, Infernus, et Gloria celestis. Venetiis, 1614, in-8°.*

3° Traduction allemande,

Nous possédons une traduction en langue allemande du même ouvrage. Elle est intitulée :

DER SEELEN COMPASS. *Das ist* VON DEN VIER LETSTEN DINGEN DESS MENSCHEN : *nemblich vom todt, jungsten gericht, der hollen, und ewigen leben. Anfangs durch den ehrwurdigen, hochgelehrten herrn* PETRUM BESSÆUM, *der h. Schrifft doctor und koniglicher mayestett in Frankreich hofprediger in franzosischer sprachen beschriben. An jetzo aber durch* ÆGIDIUM ALBERTINUM, *furstl. durchl. in Bayrn hof. und geistlichen raths secretarium, verteutscht, und dem hochwurdigen in Gott herrn hernn Joachim abbt dess wurdigen gottshauss S. Petri in Saltzburg, etc. dedicirt. Cum gratia et privilegio Cæs. Mayest. Gedruckt zu München durch Nicolaum Henricum. M DC XVII.*

Ce qui peut se traduire ainsi : Boussole de l'âme, ou des quatre fins dernières de l'homme, à savoir de la mort, du jugement dernier, de l'enfer et de la vie éternelle. D'abord composée en français par honorable et docte maître Pierre de Besse, docteur en la Sainte-Ecriture et prédicateur de la cour royale de France, présentement traduite en allemand par Gilles Albertinus, secrétaire de la cour et du conseil ecclésiastique de la principauté de Bavière, et dédiée à honorable maître en Dieu M. Joachim, abbé de la vénérable basilique S. Pierre de Salzbourg. Avec autorisation et par privilège de Sa Majesté impériale. Imprimé à Munich par Nicolas Henri. 1617.

Un volume petit in-4° ; titre rouge et noir ; 4 feuillets non chiffrés et 600 pages chiffrées. L'épître dédicatoire est suivie d'une pièce de vers latins non signée, où sont célébrés les mérites des sermons de Pierre de Besse.

III

CONCEPTIONS THÉOLOGIQUES SUR TOUS LES DIMANCHES DE L'ANNÉE.

1° *Éditions françaises*.

Nous possédons l'édition originale de cet ouvrage et pouvons rectifier et compléter la description qu'en a donnée M. Bosvieux. Le titre est ainsi conçu :

CONCEPTIONS THÉOLOGIQUES SUR TOUS LES DIMANCHES DE L'ANNÉE, *preschées en divers lieux, par M° PIERRE DE BESSE, doct. en théol., aumosnier et prédicat. ordin. de M. le Prince de Condé. A Monseigneur le révérendissime cardinal du Perron. Tome premier. A Paris, chez Nicolas du Fossé, rue Saint-Jacques, au Vase d'Or. 1609.*

Un volume in-8°, de 93 pages non chiffrées et 1,050 chiffrées. Le frontispice, portant le titre encadré dans les docteurs de la loi, est gravé par L. Gaultier. On trouve, sur le second feuillet, au recto, deux quatrains, et au verso le portrait de Jacques David, cardinal du Perron gravé par le même artiste. L'ouvrage est dédié à Mgr l'illustrissime cardinal du Perron, archevêque de Sens et grand-aumônier de France. Après la dédicace, viennent un sonnet à M. du Perron, l'avertissement au lecteur, un sonnet à De Besse, par Paulmier de Crouille, et deux quatrains au même par Le Verrier, curé de Herbecrevon. Au-dessous des dernières lignes de la table, on lit la mention « FIN. *Achevé d'imprimer le 8. jour de may, 1609.* » Tout nous porte à croire que, malgré l'indication d'un *tome premier* sur le titre gravé, l'ouvrage n'a eu qu'un seul volume dans cette première édition. Le recueil comprend les sermons pour les vingt-quatre dimanches après la Pentecôte.

Aux contrefaçons de cet ouvrage signalées par M. Bosvieux, nous pouvons ajouter celle de Pont-à-Mousson, par Melchior Bernard, 1611. Elle reproduit assez exactement l'édition donnée à la même date par Nicolas du Fossé, porte l'indication d'un *tome second*, bien que le tome premier nous soit inconnu; on y trouve la même dédicace à M. de Loménie et les mêmes pièces de vers; mais le volume ne comprend que 677 pages chiffrées. Le frontispice est gravé par Vallée.

Nous possédons encore une édition de Lyon, par Simon Rigaud, 1635, en deux volumes. Le tome premier est dédié au cardinal du Perron et est orné du même frontispice que l'édition originale, sans indication du nom du graveur. Il se compose de la dédicace, des pièces de vers, des vingt-quatre sermons et de l'index que nous avons signalés dans l'édition de 1609. On a copié, pour le tome second, dédié à M. de Loménie, le frontispice de l'édition de Pont-à-Mousson en supprimant toutefois le nom de l'artiste. La composition de ce second volume est la même que celle des éditions de 1611.

2° Traductions latines.

La première édition en latin a été donnée par le libraire Kinckius en 1614. En voici le titre :

CONCIONES SIVE CONCEPTUS THEOLOGICI, AC PRÆDICABILES, IN OMNES TOTIUS ANNI DOMINICAS. *Authore R. D.* PETRO BESSEO *S. S. Theologiæ doctore, regi christianissimo galliarum à concionibus, figuris, allegoriis, similibus ex sacris profanisque Scriptoribus plenissimi, cum occurentium fidei controversiarum tractatione, Tomus primus. Hac editione stylo*

*uniformi è Gallico in latinum sermonem conversi, et accu-
ratius editi, studio M. M. cum indice triplici. Coloniæ
Agrippinæ, apud Joannem Kinckium sub Monocerote.
Anno M. DC. XIV. Cum privilegio S. Cæs. Maiest. Speciali.*
2 volumes petit in-8°.

Au titre du tome deuxième, on lit la mention suivante, qui
nous fait connaitre le nom du traducteur indiqué seulement par
les initiales au titre du tome premier : *Nunc melius quàm antè
è Gallico conversus, studio* Matthiæ Martinetz.

Le tome premier comprend, après l'approbation, une épître
dédicatoire à Jacob Hutter, docteur en théologie de Cologne,
les pièces de vers de Jean Bandel, de Julien de Rouez et de
Simon de Cubes, un avis au lecteur, une table des sermons
contenus dans le volume, et le privilège, le tout occupant
8 feuillets non chiffrés; puis viennent les sermons sur 722
pages chiffrées.

L'approbation et une table remplissent les deux premiers
feuillets non paginés du tome second, suivis des sermons sur
885 pages chiffrées.

Une nouvelle traduction en latin des mêmes sermons fut
imprimée à Venise l'année suivante. Voici le titre que nous
avons relevé sur un catalogue de Scheuring, libraire à Lyon
(août 1878) : *Conciones sive Conceptus theologici in omnes
totius anni Dominicas. Venetiis, 1615.* — 2 vol. in-8°.

Sur un autre catalogue du même libraire (janvier 1879), nous
avons trouvé l'indication d'une seconde édition de la traduction
latine imprimée à Cologne en 1617 en 2 tomes in-4°, avec le
même titre.

Enfin les presses de Cologne ont encore produit deux éditions
du même ouvrage auquel ont été joints les sermons sur les
Fêtes de l'année. Voici les titres de ces deux éditions donnés
par Demichelis, libraire à Paris (catalogue d'octobre 1857) :

*Conciones sive conceptus theologici ac prædicabiles pro dominicis
ac festis totius anni. Col., 1629 ; 4 tomes en 2 vol. in-4°.*

*Conceptuum prædicabilium nucleus aureus, in omnes domi-
nicas anni et evangelia festorum, ferias item adventus et
quadragesimæ, opera et Studio And. Coppensteinii, Ord.
Pr. enucleatus. Col., 1712 ; in-4°.*

Nous avons déjà signalé ce dernier ouvrage, au sujet des conceptions théologiques sur le Carême.

3° *Traductions allemandes.*

Les *Conceptions théologiques sur les dimanches de l'année* ont été traduites en allemand avec les sermons pour les fêtes. Nous en possédons deux éditions dont nous donnons les titres :

Postilla oder Auslegung der Evangelien *so durchs ganze Jahr auff alle sounund Feyertag in der christlichen catholischen Kirchen gelesen, gesungen und geprediget werden* r. d. Petri Bessei, *ss. Theol. doctoris und Regis christ. Galliæ, et cæt. oratoris. Gott dem allmächtigen zu Lob und seiner Kirchen zu nutz vertentscht und in diese form gestellt durch Matthæum Tympium, theol. Anno Domini 1615. — Getruckt zu Mayntz, bey Balthasar Lippen in Verlegung Petri Henningii.*

Ce titre peut se traduire ainsi : Commentaire ou Explication des Evangiles, pour être lu, chanté et prêché dans les églises catholiques tous les dimanches et fêtes de l'année, par révérend maître Pierre de Besse, docteur en théologie et prédicateur du très chrétien roi de France, traduit en Allemand et mis en cette forme, à la gloire du Dieu tout puissant et pour l'utilité de son Eglise, par Mathieu Tympius, théologien. L'an du Seigneur 1615. Imprimé à Mayence, chez Balthazar Lippe, aux frais de Pierre Henningue.

Titre rouge et noir.

Deux tomes en un volume in-4°, comprenant, pour le premier tome, 4 feuillets non chiffrés et 348 pages chiffrées sur deux colonnes, et, pour le tome second, 255 pages chiffrées sur deux colonnes.

Le titre de la seconde traduction est ainsi conçu :

Sommertheil. R. P. Petri Bessei, SS. theol. doct. etc. begreiffendt die predigten aller son-und Feyertags Evangelien : *so vom Pfingstmontag bis zum Advent, der alten ordnung nach, in der h. allgemeynen Kircher Christi gelesen, gesungen und geprediget Werden. Vertentscht und in diese form gestellt durch Matthæum Tympium, theol. Getruckt in der churfl. hauptstatt Mayntz bei Balthazar Lippen in verlegung Conradi Butgenii Coloniensis. Anno Domini M D C X V.*

Nous pouvons traduire ainsi ce titre : Cycle d'été contenant les sermons de Rév. Maître Pierre de Besse, D^r en théologie, sur les Evangiles de tous les dimanches et fêtes, de la Pentecôte à l'Avent, selon l'ordre antique, pour être lus, chantés et prêchés dans la sainte Eglise universelle du Christ, traduits en allemand et mis en cette forme par Mathieu Tympius, théologien. Imprimé dans la ville électorale de Mayence, chez Balthazar Lippe, aux frais de Conrad Butgenius, de Cologne. An du Seigneur 1615.

Deux tomes en un volume in-4°. Le tome premier comprend 4 feuillets non chiffrés et 278 pages chiffrées sur deux colonnes ; le tome second comprend 368 pages chiffrées sur deux colonnes.

IV

LA ROYALE PRÊTRISE.

1° *Editions françaises.*

M. Auguste Bosvieux ne possédant pas l'édition originale de cet ouvrage, a donné dans sa notice la description de la réimpression de 1612. Cette description peut s'appliquer exactement à la première édition privilégiée de 1610 ; nous n'y avons relevé que les différences suivantes : le volume a 724 pages chiffrées, et 56 feuillets non numérotés ; le privilége est placé avant le texte ; enfin, au verso du deuxième feuillet se trouve le portrait de Nicolas de Heere à l'âge de 33 ans, gravé par Gaultier.

Aux réimpressions signalées par M. Bosvieux, nous pouvons joindre 1° celle de Paris, 1620, que nous avons vue en vente sur un catalogue de Mme Veuve Hénaux (mai 1883), et 2° celle de Paris, Nicolas du Fossé, 1622.

L'édition de Lyon, 1626, indiquée par l'abbé Vitrac, n'est pas privilégiée. Elle est ornée d'un frontispice gravé par de Loysi, et reproduisant fidèlement celui des éditions de Paris. L'approbation des docteurs de Paris, du 12 décembre 1609, est suivie de celle des docteurs de Lyon en date du 15 avril 1620. Le volume contient 31 feuillets non chiffrés et 410 pages chiffrées. Il se compose des mêmes dédicaces, vers, avant propos et tables des matières que les éditions privilégiées.

2° *Traductions latines.*

Nous possédons une traduction latine imprimée à Venise en 1615, par Ambroise et Bartholomée Dei, frères, à l'enseigne de Saint-Marc. 1 vol. in-12, de 21 feuillets non chiffrés et 470 pages chiffrées. L'avant-propos de Besse est précédé d'une dédicace à : « Adm. reverendo et perillustri domino ac patri, D. Angelo Grillo, Conobii S. Nicolai in littore Veneto præsuli dignissimo, domino suo observandissimo. » Cette épitre est signée par « Marcus Antonius Broiolus bibliopola. »

V

CONCORDANTIÆ BIBLIORUM.

Voici, d'après l'exemplaire de notre bibliothèque, le titre exact et complet de cet important ouvrage :

CONCORDANTIÆ BIBLIORUM UTRIUSQUE TESTAMENTI GENERALES. *Opus plane divinum, omnibusque sacrarum litterarum studiosis utile, et perquam necessarium. Labore et industriâ* M. PETRI DE BESSE *in Academiâ Parisiensi sacræ theologiæ doctoris, suis numeris restitutum, et ab innumeris quibus scatebat mendis, et erroribus expurgatum. Parisiis, apud Michaelem Sonnium, via Jacobæa, sub scuto Basiliensi. MDCXI. Cum privilegio Regis.*

Un gros volume in-fº. Titre rouge et noir. Le dernier feuillet porte au verso le colophon suivant : *Parisiis, excudebat P. Chevalier, in monte D. Hilarii. MDCX.* Le texte est disposé sur quatre colonnes à la page ; les pages ne sont pas chiffrées. Le second et le troisième feuillets sont occupés par l'épitre dédicatoire de Pierre de Besse à Nicolas Brulard, seigneur de Sillery, grand chancelier de France. Cette dédicace, datée à Paris du 20 novembre 1610, est écrite en latin. Le privilège est de 22 du même mois.

VI

L'HÉRACLITE CHRESTIEN.

Nous avons trouvé, sur un catalogue de Durnerin, libraire à Paris (avril 1878), l'indication d'une édition de cet ouvrage de

Paris 1611 en un volume in-12. Si la mention n'est pas erronée, ce serait là l'édition originale de l'*Héraclite chrétien*.

La bibliothèque de M. Bosvieux possède une édition in-12 de l'*Héraclite* donnée à Lyon en 1626 par Simon Rigaud, imprimeur, et qui n'a pas été décrite dans la notice qui précède. Le titre est le même que pour l'édition de Rouen. Le frontispice porte au-dessus du titre l'écusson de l'évêque de Limoges, Henri de la Martonie ; au-dessous du titre sont représentés saint Jérôme et Magdeleine dans le désert; ce frontispice est signé : C. Le Roy.

VII

CONCEPTIONS THÉOLOGIQUES SUR L'OCTAVE DU SAINT SACREMENT.

1° *Editions françaises.*

Nous possédons un exemplaire d'une édition privilégiée auquel le titre fait défaut; mais nous reconnaissons, par les caractères typographiques employés et par la disposition du texte, qu'il sort des presses de du Fossé. Notre exemplaire appartenait à la bibliothèque de Louis XIII, ainsi qu'on peut en juger par sa belle reliure en maroquin rouge aux armes du roi et semée d'L couronnées et de fleurs de lis.

L'épitre dédicatoire au vicomte de Pompadour est datée du 24 may 1614 et ne porte pas, par conséquent, la faute signalée par M. Bosvieux sur l'exemplaire qu'il a décrit. Le volume se compose de 12 feuillets non chiffrés pour le titre, l'épitre et l'avis au lecteur, de 758 pages chiffrées, et de 23 feuillets non numérotés pour le privilège, l'approbation et la table des matières.

Dans son *Manuel du libraire,* Brunet mentionne une édition de cet ouvrage, parue à Douay, chez Balt. Bellere, en 1614, en deux volumes in-8°.

L'édition de Pont-à-Mousson, même date, signalée par M. Bosvieux d'après l'abbé Vitrac, comprend deux tomes en un volume in-8° ; nous en copions le titre sur un catalogue de Durnerin, libraire à Paris (février 1881) : « *Conceptions théo-*

*logiques sur l'Octave du Saint-Sacrement et principales festes
depuis Pasques jusques à la Toussaincts, et depuis la Toussaincts jusques à Pasques,*

Il nous reste encore à noter une édition de Lyon, en 1626 ;
le catalogue du libraire Guillemot (1862), où nous l'avons
trouvée inscrite, ne fait pas connaître le nom de l'imprimeur.

2° *Traductions latines.*

Les sermons composant ce recueil ont été traduits en latin
et imprimés en deux volumes in-12.

Le premier est intilulé : *Conciones sive Conceptus theologici :
in octava ven. Sacramenti, et de præcipuis sanctorum festis à
Paschate ad festum omnium sanctorum. Authore R. D. Petro
Besseò SS. theologiæ doctore et Regi Galliarum à concionibus.
Jam nuper Latinitate donatæ studio et opera M.M. — Coloniæ
Agrippinæ, apud Joannem Kinckium sub monocerote. Anno
MDCXIV. Cum gratia et privileg. S. Cœs. Majest. speciali.*

Le second volume a pour titre : *Conciones sive conceptus
theologici, de præcipuis omnium sanctorum festivitatibus, ab
omnium sanctorum festo ad Pascha usque occurentibus. Autore
R. D. Petro Besseo… Nunc primum Latine et Gallico conversi,
studio M. M. — Coloniæ Agrippinæ, apud Joannem Kinckium, sub Monocerote. Anno MDCXIV.*

Autre édition en deux volumes in-8°, Venise, 1615 (catalogue de Sceuring, libraire à Lyon, août 1878).

VIII

LE DÉMOCRITE CHRESTIEN.

M. Aug. Bosvieux n'a connu que l'édition française de 1615 ;
nous possédons une seconde édition de cet ouvrage, imprimée
à Lyon, par Simon Rigaud, en 1626, 1 vol. in-12.

Le frontispice gravé par C. le Roy est la reproduction de
celui de l'édition de Paris, gravé par Gaultier, et n'en diffère
que par les bases du retable qui portent à gauche un personnage arrosant une plante, avec cette légende *Douce* (pour *donec*)
optata veniant rigabo, et à droite un écusson avec cette de-

vise : *Dignius amors*. Entre les deux socles, dans un cartou-
che, on lit : A Lyon, de l'imprimerie de Simon Rigaud, marchand libraire, en rue Mercière, devant S. Antoine, MDCXXVI.
. L'épître à Antoine Segier n'est pas datée. Le sonnet qui suit
l'*Advertissement au lecteur* ne porte pas la signature N. C. Le
portrait de Démocrite est signé des initiales renversées L. G.,
sans date.

Le volume contient 12 feuillets préliminaires non chiffrés,
543 pages numérotées et 20 pages non numérotées pour la table des matières, les approbations et permis d'imprimer. L'approbation est donnée à Paris le 30 juillet 1618 ; l'attestation de
J.-C. Deville, docteur en théologie du diocèse de Lyon, porte la
date du 1er octobre 1626 ; le permis d'imprimer donné à Simon
Rigaud, le 6 du même mois, s'applique à l'*Héraclite* et au *Démocrite*.

IX.

PSALTERIUM DAVIDICUM.

Nous n'avons rien à ajouter au chapitre de la notice de
M. Bosvieux relatif à cet ouvrage.

X

CONCEPTIONS THÉOLOGIQUES SUR TOUTES LES FÊTES DES SAINTS.

1° *Editions françaises*.

Le titre de cet ouvrage est ainsi conçu : CONCEPTIONS THÉOLO-
GIQUES SUR TOUTES LES FESTES DES SAINTS ET AUTRES SOLEMNELLES
DE L'ANNÉE. *Preschées en divers lieux par* Me PIERRE DE BESSE,
*docteur en théologie et prédicateur ordinaire du Roy. —
A Paris, chez Nicolas du Fossé, rue Saint-Jacques, au Vase
d'Or, 1618.*

3 volumes in-8. Frontispice gravé par L. Gaultier, représentant, dans une série de compartiments, des scènes et des personnages de l'Ecriture.

Tome 1. — Le tome I contient 36 feuillets non chiffrés pour
le titre, les armes de Nicolas de Jay, sieur de Tilly et de la
Maison-Rouge, président au Parlement de Paris, l'épître à Ni-

colas de Jay, datée de Paris le 4 avril 1618, la préface de l'auteur, l'avis au lecteur, l'approbation, la table des sermons contenus dans le premier tome, des pièces de vers, et le portrait de Pierre de Besse à l'âge de 50 ans, gravé par Gaultier ; 1070 pages chiffrées pour le texte des sermons ; 18 feuillets non chiffrés pour le privilége daté du 18 mars 1615, le transport du privilége à Nicolas du Fossé, et la table des matières.

Tome II. — L'avis au lecteur du tome I est reproduit en tête du tome II, ainsi que l'approbation. Le frontispice est disposé de la même façon qu'au 1er volume, mais les sujets, représentés dans les compartiments qui encadrent le titre, sont différents ; au bas du titre se trouve l'indication du tome II. 5 feuillets non chiffrés pour le titre, l'avis au lecteur, l'approbation et la table des sermons ; 820 pages chiffrées pour le texte des sermons ; 14 feuillets non chiffrés pour le privilége et la table des matières.

Tome III. — Notre tome III est incomplet des feuillets non chiffrés qui précèdent le texte des sermons ; nous n'en connaissons donc ni le frontispice ni l'avis au lecteur. Les sermons occupent 826 pages numérotées ; le privilége et la table des matières occupent 13 feuillets non chiffrés.

Dans les trois volumes de ce recueil sont réimprimés textuellement tous les sermons qui composent l'ouvrage intitulé : *Conceptions théologiques sur l'Octave du Saint-Sacrement.*

Nous connaissons une édition de Rouen, 1628, chez Richard l'Allemant, qui doit être la même que celle signalée par l'abbé Vitrac sous la même date et attribuée par lui à Petitval.

2° *Traduction latine.*

Un certain nombre des sermons de ce recueil avaient été traduits en latin dès 1614 et composaient l'ouvrage que nous avons précédemment signalé imprimé à Cologne par Kinckius en 1614 en deux volumes in-12.

Nous avons noté, en même temps, une édition de Venise, 1615, en deux volumes in-8°.

XI

Le triomphe des sainctes et devotes confrairies, *par* M. Pierre de Besse, *docteur en théologie, prédicateur ordinaire du Roy. A Paris, chez Nicolas du Fossé, rue Saint-Jacques, au Vase d'Or.* 1 vol. in-8°.

Le titre de l'ouvrage est encadré dans un frontispice, représentant l'adoration de la Vierge, gravé par Gaultier.

Ce livre est dédié à hault et puissant seigneur, monseigneur le comte de Fiesque, de Lauaigne et de Calestan, baron de Bressuyre, de Leuroux, d'Honnecourt, de Bryon, etc., et conseiller de Sa Majesté en son conseil d'Etat.

L'épitre à Mgr le comte de Fiesque est précédée du blason de sa maison. Au dessous du blason se lisent les vers suivants :

Des Fiesques généreux sous ces Armes puissantes
Des Papes, des Prélats, des Princes et des Roys
En l'un et l'autre Estat, ont gaigné maintes-fois,
Et par terre et par mer des batailles sanglantes.

On lit *in fine :* Ce présent livre intitulé le *Triomphe des sainctes et dévotes confréries* a esté achevé d'imprimer, pour la première fois, le quinzieme jour de fevrier, mil six cens dix neuf.

L'épitre, datée de Paris le 8 février 1619, est suivie de trois pièces de vers : 1° *Au mesme seigneur;* 2° *A haute et puissante Dame madame la comtesse de Fiesque;* 3° *A la mesme Dame,* et d'un *advis au lecteur.*

La première partie est une exhortation aux nobles et dévots confrères de la confrérie de Notre-Dame de Délivrance, érigée en l'église Saint-Etienne des Grecs, en la ville de Paris. La seconde divisée en plusieurs chapitres, comprend les traités suivants : 1° *De l'origine et première institution des sainctes confréries en général;* 2° *Du mot et signification de confrérie;* 3° *De la diversité des confréries;* 4° *De l'utilité des confréries;* 5° *De l'approbation des confréries;* 6° *Des bastons des confréries;* 7° *De la confrérie de Notre-Dame de bonne délivrance;* 8° *Des grands biens spirituels qui sont en la confrérie de Notre-Dame de bonne délivrance.* Une troisième partie traite *Des exercices spirituels et sainctes occupations pour les dévots confrères.*

Le privilége du roi, donné à Paris le 18 mars 1615, contient quelques particularités curieuses ; il signale notamment, parmi les libraires qui ont imprimé et contrefait les ouvrages de Pierre de Besse, un sieur Melchior Bernard, libraire de *Pont-à-Mousson* qui aurait agi à la sollicitation de quelques libraires tant de la ville de Lyon que de Paris ; le sieur Jean Rogard, imprimeur à Douai ; le sieur Jean de la Rivière, libraire-imprimeur à Cambrai. Il parle des traductions latines imprimées en Allemagne auxquelles [les éditeurs] ont changé, diminué, ajouté et tout perverti l'ordre, méthode et intention de l'auteur, « s'y estant mesme glissé et passé plusieurs grandes fautes et erreurs au détriment et scandale dudict auteur, et les ayant aussi imprimées de méchant papier et petits caractères pour les faire vendre et débiter à meilleur marché que celles qui ont été imprimées par le dit du Fossé, suivant l'intention de l'auteur. » En conséquence et pour empêcher de telles contraventions, il est fait défense à tous marchands-libraires et imprimeurs d'imprimer, vendre, contrefaire les ouvrages de de Besse, ou d'en importer des contrefaçons au préjudice des présentes, « à peine de trois mille livres d'amende, applicables un tiers à nous, un tiers aux pauvres, et l'autre tiers au dénonciateur, et de tous dépens et dommages-intérêts. » La même peine était appliquée à ceux qui, trouvés nantis d'ouvrages contrefaits, ne déclaraient pas de qui ils les tenaient.

M. Melon de Pradou possède un exemplaire de cet ouvrage fort rare.

XII

LA PRACTIQUE CHRSTIENNE.

Nous avons un exemplaire de l'édition donnée à Lyon par Simon Rigaud ; il porte la date de 1637 et non 1638 comme M. Bosvieux l'a indiqué d'après l'abbé Vitrac. L'édition de Lyon n'a pas de frontispice ; mais elle est ornée du portrait de Pierre de Besse gravé par Audran ; elle ne diffère qu'en cela de celle décrite par M. Bosvieux. L'ouvrage est divisé en deux tomes : le premier contenant 21 feuillets non chiffrés et 365 pages chiffrées ; le second de 340 pages numérotées et 9 feuillets non chiffrés pour la table.

XIII

Lᴇ ʙᴏɴ ᴘᴀsᴛᴇᴜʀ, *c'est-à-dire les qualitez et conditions nécessaires pour la perfection d'un Bon Pasteur, par Mᵉ Pierre
de Besse, docteur en théologie en la faculté de Paris, et prédicateur ordinaire du roi. — A Paris, chez Olivier de Va-
rennes, rue Saint-Jacques, au Vase d'Or. M.DC.XXXIX.
Avec approbation et privilége du roi.*

Le seul exemplaire que nous connaissions de cet ouvrage est
conservé à la Bibliothèque nationale sous la cote de l'inven-
taire D. 25938. Il provient, comme l'indique une mention imprimée au verso du titre, de la Bibliothèque des Frères Prédicateurs Saint-Jacques.

Au milieu du titre est une marque de libraire représentant
un vase d'or incrusté, tenu par une main qui arrose une fleur,
le tout dans un médaillon avec la devise *Petit à petit.* D'après
une observation faite par M. Henri Stein, c'est à peu de chose.
près la marque adoptée de nos jours par l'imprimerie Bonne-
dame, d'Epernay.

Le Bon Pasteur est un volume in-16 de LVI-545 pages.

Les pages indiquées ici en chiffres romains ne sont pas numérotées.

Il contient :

P. II. Vœu de l'auteur.

P. III-XXXV. Epître à Mgr. Séguier, évêque de Meaux.

P. XXXVI-LIII. Préface.

P. LIV-LV. Table des chapitres. (Il y en a 17).

P. LVI. Approbation des docteurs, datée : *Fait aux Carmes
de la place Maubert, 3 septembre 1638.*

P. 1-521. Texte.

P. 523-544. Table des matières (raisonnée).

P. 545. Extrait du privilége du roi.

*Achevé d'imprimer pour la première fois ce dernier juillet
1639.*

Nous ne connaissons pas d'autre édition de ce dernier ouvrage de Pierre de Besse.

Rᴇɴᴇ́ FAGE.